说话不打岔，交往不冷场，相处不尴尬

牛广海　编著

吉林文史出版社
JILIN WENSHI CHUBANSHE

图书在版编目（CIP）数据

说话不打岔，交往不冷场，相处不尴尬 / 牛广海编
著. -- 长春：吉林文史出版社，2019.9（2023.9重印）
ISBN 978-7-5472-6478-2

Ⅰ. ①说… Ⅱ. ①牛… Ⅲ. ①语言艺术—通俗读物
Ⅳ. ①H019-49

中国版本图书馆CIP数据核字(2019)第153412号

说话不打岔，交往不冷场，相处不尴尬
SHUOHUA BU DAGEN JIAOWANG BU LENGCHANG XIANGCHU BU GANGA

编　　著　牛广海
责任编辑　魏姚童
封面设计　韩立强
出版发行　吉林文史出版社有限责任公司
地　　址　长春市净月区福祉大路5788号
网　　址　www.jlws.com.cn
印　　刷　天津海德伟业印务有限公司
版　　次　2019年9月第1版　2023年9月第3次印刷
开　　本　880mm×1230mm　　1/32
字　　数　145千
印　　张　6
书　　号　ISBN 978-7-54 72-6478-2
定　　价　32.00元

前　言

朱自清在《说话》一文中说："人生不外言动，除了动就只有言，所谓人情世故，一半儿是在说话里。"松下幸之助说过："过去是说话，现在是说话，未来还是说话。"这足以说明，说话永远是不过时的，对于说话的学习，学无止境。

说话存在于我们每个人的生活中，是增进情谊、解决问题不可或缺的方式。我们每个人时时刻刻都需要同他人交往，时时刻刻都离不开与他人说话。在工作中，说话不打艮有助于我们建立和谐的工作关系；在生活中，巧妙说话可以帮助我们发展亲密的朋友情谊，让我们的交往不冷场；在家庭中，巧妙说话有益于我们营造融洽的家庭氛围。

说话是否高超，关乎一生成败。如果说知识是人生的财富，那么说话就是人生的资本！上乘的说话高手，能够把一张嘴变成解决困厄和成就大事的撒手锏。而蹩脚的说话低能儿，一件皆大欢喜的好事也可能被说得鸡飞狗跳。同样一个意思，用不同的方式来表达，其效果有着天壤之别。李四没有遵守对张三的承诺，张三对李四说："你为什么要欺骗我？"这话可能会引起李四的不快和反感，继而引发一场不必要的冲突；但若换成"你这样做让我很难过"，或许李四会心生内疚并极力弥补他的过失。这只是生活中一个极其微小的例子，但从中也说明了说话的作用。

对于那些不注重说话的人来说，培根的话可谓语重心长。他说："那些喜欢出口伤人者，恐怕常常过低地估计了被害者的记忆力。温和的语言其力量胜过雄辩，不善答问者是笨拙的，但没有原则的诡辩却是轻浮的。说话绕弯子太多令人生厌，但过于直截了当会显得唐突。能掌握此中分寸的人，才算精通了谈话艺术。"

目　录

第一章　会说话的人容易成功

第二章　吸收养分，厚积薄发

第三章　克服紧张，流畅说话

第四章　不说废话，一语中的

第五章　人际交往，要说还要听

第六章　善用幽默，化解尴尬

第七章 如何通过肢体有效说话

第八章 把握说话的"雷区"

第一章　会说话的人容易成功

　　善于说话的人易成功，而不善说话的人往往寸步难行。相信很多人都听说过这样一句话：说的比唱的都好听。意在讽刺某人只说好听话却不办实事，即只动口不动手，一味耍嘴皮子。有必要声明的是此"好听"非彼"好听"，我们就是要把话说得好听，同时我们更要把事做得漂亮。人在旅途，道路不可能永远平坦，面对那些泥沼渠沟，在勇敢面对的同时更要灵活应对，或许一句话，或许一件事，就可能使人生的旅途变得畅通无阻、前途光明。

说话是技术也是艺术

　　我们的很多前辈不大重视甚至不大喜欢"能说会道"的人，那些很健谈的人，常常被冠之以"夸夸其谈"的帽子。如果一个人被公认为"夸夸其谈"，那就不怎么讨人喜欢；如果被公认为善于为自己辩护，那就没有多少人愿与之交往。相反，如果一个人沉默寡言，不苟言笑，这个人往往会受到赞赏。这个传统的评价标准，依然在今天的青年身上打下了深深的烙印。常常听到有人说："我这个人，笨嘴拙舌，不会说话。"似乎这并不是什么缺点。显然，这是相当陈旧的一种见解。

　　即使在古代，夸夸其谈者遭人轻视，却也出现了许多雄辩家，正是那些带着自己观点，游走于各国之间的思想家们不知疲倦地游说、演讲，才有了我国古代思想文化的百家争鸣。"子非鱼，安知鱼之乐""子非我，安知我不知鱼之乐"……祖先充满智慧的辩论至今让我们津津乐道，让我们佩服。

　　戴尔·卡耐基说："一个人的成功，有15%取决于技术知识，另外85%则取决于他的说话。"在当今时代，愈来愈多的人意识到说话的重要性，对于任何一个人来说，说话都是一种不可或缺的能力、一种未来成功的资本。放眼政坛或商界的风云人物，无人不是能言善辩的高手。我们无法想象：奥巴马没有良好口才怎能战胜麦凯恩登上总统的宝座？马云、俞敏洪没有良好口才怎能说服投资人掏腰包、鼓动员工跟随自己？

　　事实上，古今中外，凡是在职场上能左右逢源、逢凶化吉、办事顺畅的人都是拥有好口才的人。拥有好口才，无异于就拥有了胜人一筹的法宝。

我国首次载人航天飞船成功返回后，中国第一个进入太空的宇航员杨利伟一时间家喻户晓、妇孺皆知，各大新闻媒体争相报道。航天部门的领导们说，杨利伟之所以最终被选中，主要有三方面的因素，其中很关键的一条就是他的心理素质过硬，具有很强的口头表达能力，而且说话有条理、有分寸。杨利伟总认为航天没有小事可言，什么都很重要，因此，无论做什么事情，他都要尽自己最大的努力将其做好，甚至训练的总结会、训练的小节等这些在别人看来微乎其微的小事儿，他都不放过。在总结会上，杨利伟准备充分、发言积极，并且每次发言都条理清晰、逻辑性强，而且态度从容。在最终确定从三个候选人中选择一人首飞的时候，领导为难了，这三个人各方面都很优秀，难分伯仲，最后考虑到我国第一个踏入太空的宇航员，势必会受到全世界的瞩目，要接受各大媒体的采访，出席各种活动场合，进行巡回演讲等。所以最后决定让在说话上有明显优势的杨利伟进行首飞。杨利伟就是在说话上走在了其他竞争者的前面，因此他脱颖而出了。

但是，我们也常看到许多不会说话的人，他们不能表达自己的意图，话说的听起来费神，让人无法接受。

没有好口才的人，有如发不出声音的留声机，虽然是在那里转动，却让人产生不了兴趣。当今的社会是一个繁忙的社会，具有好口才的人，必然是社会中的活跃人物。说话是一种技术，也是一种艺术，要成功定要具备这样的技术。

说话是人际交往的前提

每个人都希望善于交往，都希望通过交往建立起和睦的家庭关系、亲属关系、邻里关系、朋友关系……而这些良好的社会关系可以使个人在温馨怡人的环境中愉快地学习、生活和工作。在人际交往中，起决定性因素的，不仅仅有个人的行为，还有个人的言语。正如俗话说的"良言一句三冬暖，恶语伤人六月寒"，多说"良言"不出"恶语"，不仅仅是个人的意愿问题，更涉及说话水平高低的问题。

在我们的身边，有许多不善言辞的人，因为不懂把握说话的时机，说了不合时宜的话，给别人带来了困扰，更给自己带来不必要的麻烦，影响了与他人的正常交往。

医生小邹是个实干家，他的专业水平人人都夸，可就是无法准确地表达自己的意思，从而经常让人误会。

有一次，小邹要赶到好朋友小张家去参加小张的婚宴。

他拼命蹬着自行车，但来到小张家，已经迟到了一段时间，于是小张要小邹罚酒三杯。

小邹听了急得乱叫："我不想迟到，谁知道送来了急诊病人，救了半天也没救活，死了。"大家听了，个个脸有愠色，小张想改变一下气氛，连忙让小邹去见新娘。来到新娘面前，小张介绍小邹和新娘认识。小邹得意地说："新娘子么，跟她熟透了，她烧成灰我也认得！"

新娘立刻气得脸通红，满屋子的好朋友都尴尬极了。

最后，虽然小邹滴酒未沾，但大家一致认为他喝醉了，于是决定把小邹送回家去。可是，小邹自己还不知道是何原因呢！

　　小邹的例子告诉我们，善于说"良言"很重要，一个不懂得把握说话时机，不会说"良言"的人，一定不会有什么"好果子"吃。

　　诚然，有许多人觉得自己说话不流利，不能自如地表情达意，感到生活上很不方便。他们平时很少说话，若跟几个熟得不得了的人，东拉西扯倒可以，可是一到跟其他人打交道时候，一句有用的话也说不上来。他们在社交中，处处觉得话不达意，时时感到困窘。于是别人就会说他们是老实人，他们也会渐渐地觉得自己是老实人，自己对自己说，或是对别人说：我是老实人，我不会说话。好像老实人就必定不会说话，不会说话的必定是老实人。这样一来，怪不得有人取笑说："老实乃无用之别名。"如此，任何人都应检视一下自己是否会说话。

　　一个善于说"良言"且能顺畅地表达自己意图的人，在社会交往中往往如鱼得水，由于他可以把自己的意图很完美地表达出来，别人听后也会非常乐意接受。此外，还可以通过交谈推测出对方的意图，从中受到启发，从而进一步了解对方并与之建立友谊。

　　宋徽宗不但具有绘画天赋，而且写得一手好字。为此他常常询问大臣："我的字写得怎么样？"大臣们也无不奉承地说："陛下的字好，天下第一。"

　　有一天，宋徽宗召见老朋友、著名书法家米芾，于是询问米芾："米爱卿，朕的字怎么样？"米芾是书法大家，书法胜过宋徽宗，如恭维皇帝第一，必然要委屈自己，万一被宋徽宗发现还会犯"欺君"之罪的；如果夸耀自己第一，又必然会使皇帝扫兴，这还真是个不好回答的难题。聪明的米芾灵机一动，说："臣以为在皇帝中，您的字是天下第一；在大臣中，则微臣的字天下第一。"宋徽宗听了心领神会，不得不打心底佩服米芾的真诚和机灵。

　　米芾的能言善辩不但给自己化解了窘境，还愉悦了他人，达到事半功倍的效果。因此，一个人要想在复杂的人际关系圈里游刃有余，就应该拥有良好的口才。因为，好口才具有无穷的魅力。它会让原本就熟识彼此的人情意更浓，爱意更深；会使陌生的人相互产生好感，产生深厚的友情；可以使意见有分歧的双方相互理解，消除矛盾；还可以令彼此怨恨的人化解敌意，友好相处。

巧用妙语，缓和尴尬

平时，我们与不同的人交往，常常会出现意想不到的事情。或生气，或尴尬，很多时候甚至让人下不了台。但是，只要能及时转换角度，巧说妙解，不但能给自己找个台阶，甚至能给生活增添某种乐趣。

一位美籍华人在西雅图开了一家中餐厅，为了招揽顾客，客人用餐后离去时，店主总会送一盒内附一张精致"口彩卡"的点心，卡片上通常会印着"吉祥如意""幸福快乐"等吉言。

有两位虔诚的基督徒是这家餐厅的老主顾。他俩结婚后的某一天，满怀喜悦来到这家餐厅，在他们期待美好祝福的时刻，打开点心盒，却意外地发现没有往常的"口彩卡"，顿感十分不吉利，心里老大不高兴。他们便向老板"兴师问罪"，不论老板怎样赔礼道歉，他们就是不依。看到这种情景，老板的弟弟微笑着走上前去，说了一句美国常用谚语："No news is good news."（没有消息就是最好的消息）听到这句话，夫妇俩高兴地和他握手拥抱，连连道谢。

在意外事件面前，兄弟俩的处理方式大不相同，兄长采取的是正面消极应对的说话策略，可并不能消除意外事件给这对新婚夫妇造成的不祥之感，而越赔礼道歉越加重这种情绪。弟弟则不然，他主动地投其所好，通过对意外事件（没有口彩卡）做出机智的解释，直逼要害，较好地满足了对方的心理需要，既掩盖了过失，又消除了对方的不祥之感，可谓一举两得。

还有这么一个故事——

诗人莫非应邀到北京某大学中文系作家班做过一次学术讲

座。在他谈到自己的诗作时，准备朗诵一段给大家听，可是诗稿放在了一个学员的课桌上，诗人便走下台去拿。这个学术讲座是设在一个阶梯式的教室里，诗人上台阶时，一不留神一个趔趄就倒在了第二级台阶上，这种情形让不少学员哄堂大笑起来。

面对这种窘迫的情形，诗人优雅地站起，整理了一下衣着，然后缓慢地转过身面对学员，指着台阶说："你们看，上一个台阶多么不容易，生活是这样，作诗亦然。"

诗人话音未落，教室里顿时响起一阵热烈的掌声。

诗人笑了笑，接着说："一次不成功不要紧，可以再努力！"说着，他摆出一副很用力的样子，迈步上了讲台，继续他的讲座。

优秀的口才，不失时机的完美表达，不仅可以让人有"台阶"下，还会使人有"台阶"上，在大众面前游刃而有余。诗人莫非的故事说明的正是这样一个道理。

能说会道，增强自信

古龙说："有人的地方，就有江湖！"在武侠世界里，侠客们依靠武功行走江湖；在现实世界里，我们要靠说话纵横天下。那些说话好的人能够把一张嘴变成解决困难和成就大事的撒手锏。

找到好工作

美国青年哈蒙去西部矿业公司谋职，被该公司老板哈司托当场拒绝。哈司托拒绝的理由很古怪："我不喜欢你的理由就因为你在佛来堡做过研究，你的大脑里我想一定装满了一大堆奇怪的理论。因此，我不打算聘用你。"

原来，这个老板是个白手起家的实干家，没有读多少书，但工作经验极其丰富。在长期的工作实践中，老板形成了对学院派的很深偏见。而哈蒙呢，很不幸，他不仅是美国耶鲁大学的高才生，还在德国佛来堡大学攻读了3年硕士。

刚刚学成归来的哈蒙听后，装出胆怯的样子，小声地对哈司托说："如果你不告诉我的父亲，我就告诉你一句实话。"哈司托觉得有点意思，便向哈蒙保证严守秘密。

哈蒙得到了承诺，左看看右看看，好像生怕别人听到似的，这样说："其实在佛来堡几年，我一点儿学问都没有学到，我天天在外打工，想多挣点钱，并多积累点实际经验罢了。你可千万别把这个秘密告诉我父亲！"

哈司托听了，忍不住哈哈大笑，高兴地说："好！这很好！我就需要你这样的人，那么，你明天就来上班吧！"

是什么导致哈司托前后态度的大转变呢？是哈蒙的话。那么哈司托真的相信哈蒙那个所谓的"秘密"吗？当然不是。哈司托只是觉得这个年轻人很有意思，很聪明。而哈蒙面对哈司托满脑子的偏见，用一句巧妙的话来表达自己尊重老板的意见，维护了老板的自尊，同时也显示出自己过人的机智与幽默。试想一下：如果哈蒙换一种说话方式，据理力争，其结果无疑是双方不欢而散。

潇洒走职场

经理宣布了一份新的业绩考核制度，对工资构成进行了一个很大的改革，引起了公司业务部不小的震动。业务部里的人为此议论纷纷，总的来讲是多数赞成少数反对。正在大家踊跃各抒己见之时，经理走了进来。大家顿时住嘴，各忙各的活儿。

经理当然知道这些人在讨论什么，他想借这个机会整一整反对他的人。于是，他当着大家的面，问资历最浅的业务员小赵："小赵，对于新的业绩考核，大家的看法如何？"

"经理，有的赞成，有的反对。"小赵回答。

"哦？那你的态度是……"李经理设下了套子。

"经理，我赞成同事们的看法。"小赵不卑不亢地避开了陷阱。

小赵的回答很高明。首先，在经理问"大家的看法怎样"这个问题时，小赵选择了基本如实汇报，即"有的赞成，有的反对"。但他没有画蛇添足地具体说明"多数赞成"和"少数反对"。他如果说得太具体了，势必招来反对方的怨恨。接下来，面对李经理设下的套子："你的态度是……"，小赵更是不敢怠慢。我们姑且不论他的态度如何，总之不论他答"赞成"还是"反对"，都会招来一些同事的怨恨。而且，他回答赞成吧，难免有人怀疑他拍马逢迎；说反对吧，正好被李经理抓个典型杀鸡骇猴。所以，他用"我赞成同事们的看法"这个模糊语言，轻易地化解了危机。

经理本来想通过明确小赵的态度来借题发挥，但没有如愿。

于是又生一计，开门见山："哪些人赞成，哪些人反对？"小赵被逼得没有退路了，只得把头转向同事们，问："刚才是哪些人赞成？"将烫手的山芋丢开却不露丝毫痕迹，不留丝毫把柄。

也许有人会担心：这样的回答会不会惹恼经理？我想这个担心是多余的，聪明善谈的人谁都喜欢，随便"出卖"同事的人最多只是被领导利用一下，并得不到领导真正的青睐，因为——这样的人说不定在哪一天也会把领导、把公司利益给出卖了呢？更何况，作为业务部门更需要这种精于权衡、善于说话的人才。

抱得美人归

在追求爱情的道路上，说话好的男人占了先机。他们更懂得如何用语言来打动心仪的女性，来取悦对方，从而赢得对方的青睐。

一个普通的年轻军官，在一次酒会上看中了一个美丽的女孩。酒会结束后，军官请求这位女孩让他送她回家。女孩答应了，坐上了军官的车。

军官问了女孩的住址后，就发动车子上路。他们的车在小城的街上转悠了一个多小时，才终于把女孩送到家。其实，女孩的家就在附近不远，只需要十多分钟车程。

下车时，女孩随口问："你来这里不很久吧？对于这个城市的路，你好像还很陌生。"

"不，我对这个城市的路非常熟悉。如果我不熟悉，怎么能够开一个多小时的车，却一次也没有经过你家的门口呢？"军官微笑着说。

多么巧妙而又聪明的求爱暗示！清晰地传递出了一见倾心的爱慕，却婉转没有丝毫唐突、圆滑得没有半点生硬。要对这样的人不产生好感，真是很困难。

这位美丽的女孩，后来嫁给了那位军官。那位军官，后来成为美国赫赫有名的五星上将。他的名字叫：卡特利特·马歇尔。

说话好的人不仅能够抱得美人归，还能在"归"后把小日子过得和和美美。谁愿意整日和一个不太说话、说错话、说胡话、说假话空话套话的人生活呢？

反败为胜

在美国南北战争之后的一次竞选中，参加过战争的一位士兵约翰·爱伦和参加过多场战争的陶克将军竞选国会议员。陶克将军在战争中功勋卓著，战后曾任过三次国会议员，而爱伦则显然处于劣势。然而经过一场竞选辩论后，爱伦却击败陶克取得了胜利。我们来看看爱伦是如何做到的。

陶克将军在竞选时说："诸位同胞们，记得就在17年前的今天晚上，我曾带兵在茶座山与敌人激战，经过激烈的血战后，我在山上丛林里睡了一个晚上。如果大家没有忘记那次艰苦卓绝的战斗，请在选举时，也不要忘记那吃尽苦头，风餐露宿而屡建战功的人。"陶克将军列举自己的战绩，想唤起选民们对他的充分信任。果然激起了一阵掌声和欢呼。

轮到爱伦演说了，他用低缓深沉的声音说："同胞们，陶克将军说得不错，他确实在那次战争中立了奇功。我当时是他手下的一名无名小卒，替他出生入死，冲锋陷阵。这还不算，当他在丛林安睡时，我还携带着武器站在荒野之上，来保护他。"他的语音一落，立即引起了选民们更加热烈的掌声。

爱伦作为一个参战的小兵，要和将军比战功显然会处于劣势。所以爱伦避开战功不谈，只选取了战争年代在山上露宿这一个小小的片段。通过这个片段，他让选民们明白了：将军赫赫战功其实是由千万个和自己一样默默无闻的小兵汇成的。他还用事实说明了：在战争年代小兵们，比将军更艰辛与危险。显然，这些话更能打动同样默默无闻的选民们的心。而更巧妙的是：他的话中没有半句诋毁将军战功的词。

　　看了以上这些鲜活的例子，你一定体会到了说话的巨大作用了吧？事实上，良好的说话还能增加一个人的自信，以及优化一个人的性格。一个人在别人面前、在众人面前，若能够清晰准确地、生动形象地表达出自己的思想和意念。这个人的自信心必定会大增，性格也会越来越温煦与美好。

幽默风趣的语言魅力大

说话顶呱呱的人——

是那个天花乱坠、把一堆稻草能说成一座黄灿灿的金山的人吗？

是那个出口成章、把语言包装得像情人节的礼品般漂亮的人吗？

是那个言辞凌厉、把别人说得节节败退无任何反手之力的人吗？

是那个摇舌鼓唇、天文地理前五百年后三百年无所不谈的人吗？

经过很多人的细心观察、专心分析、用心比对，最后发现——

说话顶呱呱的人是一个讲道理的人。世间万物都逃脱不了一个"理"字，谁不讲理，就会遭到报复——这是"天理"。俗话说得好：有理走遍天下，无理寸步难行。良好的说话，首先要建立在讲理的基础之上。但"理"这个东西，看不见摸不着，人人难免对其有困惑的时候。这时候，就需要一个来"说理"的人，或用确凿的事实、清晰的表达，来说明事理的必然，或用客观的理论、严密的逻辑，来证明事理的正确。刘邦在打下江山后，喜欢到皇家园林上林苑打猎消遣。上林苑占地很大，丞相萧何向汉高祖刘邦建议将苑中的大片空地划给老百姓耕种。刘邦一听，大为光火，认为萧何胆大包天居然要来动皇家脚下的土，一定是接受了老百姓的大量钱财，才这样为他们说话办事。于是萧何被捕入狱，同时接受审查准备治罪。就在这紧要关头，刘邦旁边的一位侍卫官上前向刘邦进言："陛下是否还记得当年楚汉战争以及后来铲除叛军的时候吗？那几年，皇上在外亲自带兵讨伐，只有丞相一个人驻守关中，关中的百姓非常拥戴丞相。假如丞相稍有利己之心，那么关中之地就不是陛下的了。您认为，丞相会在一个可谋大利而不谋的情况下，去贪百姓和商人的一点小利吗？"没有风险的大财不去贪，不会冒风险去贪图一点小利——这就是"理"。刘邦在道理面前也不得不低头，当天便下令赦免萧何。

说话顶呱呱的人是一个有感情的人。当晓之以理行不通时，说话高手会动之以情。再硬的汉子，在真情面前也要被软化。因此，在与人沟通中，除了要善于使用能阐明观点的话语外，还要懂得以情动人，多使用具有情感交流作用的词语来舒缓气氛、沟通心灵、理顺情绪。这个世界最难征服的不是山峰是人心。如果你学会了用感情去征服人心，你的说话将更上一个台阶。两位退休老大爷，是多年的同事加邻居，只因为各自不懂事的小孙子打架而造成了隔阂，互不说话、形同陌路。其中一位多次上门想化解，但总是没有取得什么效果。这次他又上门了，对不肯和好的老人说："我今年62岁了，你比我大3岁，65了吧。记得我们那一批青工刚进厂时，20出头，多年轻！我们一起打篮球，摸鱼，有一次去乡下偷新鲜的苞谷，被农民一阵猛追，我爬不上那个山坎，幸亏你在上面给我搭了一把手，要不就被逮住，说不定要挨揍呢。现在，当年的那帮调皮青工，有几个都不在人世了，唉……我们也是半截身子入黄土了，还有多少年活呢？想一想，为了小孩们的那点破事儿生气，真不值得呀。难道我们还要把这些不好的东西带到坟墓里去吗？"这番话，完全抛开谁对谁错的纠缠，直接将矛头对准人的情感。有道是"通情达理"，情一通，理就自然达了。上面那位老人的话，即使是让铁石心肠的人听了都找不到拒绝的理由。

说话顶呱呱的人是一个口吐芬芳的人。说话高手早就知道：人人都喜欢听好话、受赞美。说话高手还知道：在这个物价高企的社会，美丽的辞藻是为数不多的免费"物资"之一。除此以外，说话高手的出众之处在于：知道如何恰当地赞美别人。赞美是一门精致的艺术，高手们总是能不露痕迹地说到别人最受用的地方。美国前总统柯立芝，发现自己的女秘书在工作上经常出现差错，便决心帮助其改正。一天早晨，柯立芝看见女秘书走进了办公室，对她说："今天你穿的这身衣服很合体，你穿着很漂亮。"女秘书受宠若惊，柯立芝接着又说："要是你能把公文处理得和你的衣服一样漂亮，那就更完美了。"从那天起，女秘书在工作上很少再出差错了。看看，即使是一句批评的话，因为有了赞美的糖衣也显得那么令人受用。赞美之言，犹如阳光普照万物，让身处其中的人熠熠生辉。赞美之言，犹如一张甜蜜的罗网，身处网中的人心甘情愿被俘虏。

说话顶呱呱的人是一个幽默风趣的人。说话再好，若是没有幽默感，就好比一个园林里楼亭阁榭，有山有水，有草有木，就是没有花。没有花的园林，布局再合理，也少了些灵气与生动；没有幽默的说话，说话再雄辩，同样也少了些灵气与生动。一个顾客在酒店喝酒，他喝完第二杯后，转身问老板："你一星期能卖多少桶啤酒？""50桶。"老板得意扬扬地回答说。"那么，"顾客说，"我倒想出一个能使你每星期卖掉100桶啤酒的方法。"老板很惊讶，忙问："什么方法？""这很简单，只要你将每个杯子里的啤酒装满就行了。"这位顾客的本意是指责老板卖的啤酒只有半杯，但他却用了一种幽默的方法，巧妙地指责老板的行为。

擅长说话并非与生俱来

在生活中，我们总能看到一些人非常有说话。其实，说话的天才，并不是天生的，而是从现实中锻炼出来的。

没有哪种活动是不必开口说话的，商业、社交、政治甚至社区工作无不需要说话。练习的机会越多，改进的机会也就越多，到处都是练习谈话的题材和对象。只有不停地练习，你才能知道自己可以进步到何种程度。

许多擅长说话的人，最初大都是拙嘴笨舌的人。

著名的演说家和心理学家爱德华·威格恩先生曾经非常害怕当众说话或演讲。他读中学时，一想到要起立做 5 分钟的演讲，就惊悸万分。每当演讲的日子来临时，他就会生病，只要一想到那可怕的事情，血就直冲脑门，脸颊发烧。读大学时情况依然没有得到改变，有一回，他小心地背诵一篇演讲词的开头，而当面对听众时，脑袋里却"轰"地一下，不知身在何处了。他勉强挤出开场白："亚当斯与杰克逊已经过世……"就再也说不出一句话，然后便鞠躬……在如雷的掌声中沉重地走回座位。校长站起来说："爱德华，我们听到这则悲伤的消息真是震惊，不过现在我们会尽量节哀的。"接着，是哄堂大笑。当时，他真想以死解脱。后来，他诚恳地说："活在这个世界上，我最不敢期望做到的，便是当个大众演说家。"

同样如此，像林肯、田中角荣等世界著名演说家的第一次演讲都是以失败而告终的。那么，他们为何会在如此薄弱的基础上获得了令人惊奇和引人注目的成功呢？也许每个人都会产生这样的疑问，每个人也都有过这样的梦想，希望自己有朝一日能像他们一样口若悬河，娓娓而谈，令人折服。其实，答案很简单，只要勇敢地面对现实，大胆地面对挑战，刻苦勤奋，坚持不懈地努力练习，完全可以拥有出色的说话，实现自己的梦想。

狄里斯在西欧被称为"历史性的雄辩家"。但他的雄辩并不是天生的才能，也是后天练就出来的。

据说，他天生嗓音低沉，且呼吸短促，口齿不清，旁人经常听不到他在说些什么。当时，在狄里斯的祖国雅典，政治纠纷严重，因此，能言善辩的人格外引人注目，备受重视。尽管狄里斯知识渊博，思想深邃，十分擅长分析事理，能预见时代潮流和历史发展趋势。但是当他作了一番周密细致的思考，准备好了精彩的演讲内容，第一次走上演讲台，就不幸遭到了惨痛的失败，原因就在于他嗓音低沉、肺活量不足、口齿不清，以至于听众无法听清楚他所言何事、何物。但是，狄里斯并不灰心，他反而比过去更努力地训练自己的说话能力。他每天跑到海边去，对着浪花拍击的岩石放声呐喊；回到家中，又对着镜子观察自己说话的口型，做发声练习，坚持不懈。狄里斯如此努力了好几年，终于功夫不负有心人，再度上台演说时，他博得了众人的喝彩与热烈的掌声，并一举成名。

由此可见，只有刻苦勤奋、坚持不懈地努力练习，才会获得令人惊奇和瞩目的成功。因此，我们不应该放过任何一次当众练习讲话的机会。

我们要珍惜每一次练习说话的机会，当我们参加某一个团体、组织，或出席聚会时，不要只袖手旁观，而要施展浑身解数，勤奋地进行说话练习。比如，主动协助他人处理一些工作，尤其是一些需要到处求人的工作。设法做各类活动的主持人，这样，你就有机会接触那些说话好的人，可以向他们学习说话的技巧，自然而然，你也就可以担负一些发表言论的任务。

　　在日常生活中，也可以寻找到讲话的机会。山姆·李文生在纽约任中学教员时，就喜欢与亲人、同事和学生就工作和生活中的一些事情发表意见，做简短的谈话。没想到这些谈话引起了听众热烈的反响。不久，他受邀为许多团体演说，后来，成了许多广播节目里的特约嘉宾。之后，山姆先生便改行到娱乐界发展，且成就非凡。现在他不但是广播、电视明星，而且还是在美国各地都很有影响力的演讲者。

　　即使读遍所有关于说话的书籍，如果不寻找机会开口练习，依然不会有说话上的出色表现。实践是必需的，当你勇敢地踏出第一步，后面要比你想象的轻松得多，不实践，你就会把困难想象得无限大。因此，如果你想要成为一个能言善辩的高手，不要错过生活给你提供的任何一次练习的机会。

提高自身的表达能力

艾森豪威尔是二次大战时的盟军统帅。有一次，他看见一个士兵从早到晚一直挖壕沟，就走过去跟他说："大兵，现在日子过得还好吧？"士兵一看是将军，敬了个礼后说："这哪是人过的日子哦！我在这边没日没夜地挖。"艾森豪威尔说："我想也是，你上来，我们走一走。"艾森豪威尔就带他在那个营区里面绕了一圈，告诉他当一个将军的痛苦，肩膀上挂了几颗星以后，还被参谋长骂的那种难受，打仗前一天晚上睡不着觉的那种压力，以及对未来前途的那种迷惘。

最后，艾森豪威尔对士兵说："我们两个一样，不要看你在坑里面，我在帐篷里面，其实谁的痛苦大还不知道呢，也许你还没死的时候，我就活活地被压力给压死了。"这样绕了一圈以后，又绕到那个坑的附近的时候，那个士兵说："将军，我看我还是挖我的壕沟吧！"

这个故事说明沟通在生活与工作中是十分重要的。

成功学大师卡耐基很早就认识到沟通对一个人成功的重要性，他认为："所谓沟通就是同步。每个人都有他独特的地方，而与人交际则要求他与别人一致。"是的，一个人要出人头地，一定要学会沟通，特别是要学会面向很多人讲话。

面向很多人讲话的典型方式之一就是演讲。演讲不仅是一种表达思想、与他人沟通的有力工具，而且它能够训练演讲者本人的思维能力和应变能力，使其与听讲者形成思想的交流与共鸣。许多伟人都有着这种出色的沟通才能，这是他们在长期实践中逐渐历练出来的技能，这种卓越的才能既增强了他们自身的人格魅力，同时也成为他们成就伟大事业的强大推动力。

在公司里，沟通也是每个人必备的素质。管理学著作中常常提到做领导者需要具备一些条件，比如说凝聚力、创新性、适用性、沟通力等，而在这些条件当中，沟通力是必不可少的。不管你是董事长、副董事长，还是车间主任、班组长，都要学会与你的下属进行有效沟通。你需要把你的政策、想法和意图清楚地告诉下属，让他们正确无误地去执行。

无论是杰克·韦尔奇领导下的通用电气、山姆·沃尔顿领导下的沃尔玛，还是赫布·凯莱赫领导下的西南航空，公司内部的几乎每一位员工都能清楚地了解这些领导者的主张，也都知道他们对员工有什么期望。因为他们是优秀的沟通者，也是公司员工良好的工作伙伴，他们一直在密切留意员工和公司运营的情况。为了了解下情，他们乐于与员工讨论工作，并且乐此不疲。因此，他们非常清楚公司的运营状况，甚至是细节。正是这些领导者积极主动与员工沟通的意愿和非凡的沟通力，强化了他们对整个公司的影响力；他们对公司事务的热情参与，也大大激发了员工们的工作激情，从而推动公司迅速成长。

由于长期受到儒家伦理道德观念的濡染，中国人逐渐形成了一种固有的行为方式，那就是所谓的"听话"：孩子要听大人的话，晚辈要听长辈的话，下级要听上级的话……这种单向的服从式的管理模式，阻碍了人与人之间的正常沟通，使之变成了一种自上而下的灌输，这对于我们的工作和生活是很不利的。

所以，学会有效沟通，对于我们来说，是一项亟待解决的重要课题。

要知道，沟通在人的一生中真的很重要，当相爱的人有了矛盾，有一方主动去沟通，立即会和好如初，爱情更加甜蜜，彼此间会更加珍惜，感情进一步得到升华；当朋友之间产生了矛盾和误会，及时去沟通，马上会得到对方的谅解和理解，尽释前嫌和好如初，心与心的距离更加贴近，友情更上一层楼；当父母和孩子产生了代沟，做父母的放下家长的架子去真诚地和孩子沟通，不但能了解孩子想的是什么，还能知道孩子真正需要的是什么，同时，孩子也会理解父母的苦心，对父母更孝顺，对孩子的成长大有好处；当你在工作中，和领导、下属或合作伙伴之间，遇到棘手的难题或不顺，诚心诚意和对方沟通，你的工作会得到对方的支持，从而达到你想要的目的。

　　沟通如大地沐浴了春雨，滋润了我们的心田；沟通如寒冬迎来了春风，悄悄地融化了我们情感中的冰冻；沟通如黑暗中的一缕阳光，照亮了人与人之间交往的小路；沟通如一把金钥匙开启了多年封闭的门。

　　沟通也是一门艺术，要简单有多简单，要复杂有多复杂，一个真诚地道歉，一句温馨的话语，一个简单的微笑，一个关切的电话，一束美丽的鲜花，都可以成为我们沟通的最好式。当然，世间的纷杂，也决定着沟通时也会遇到这样那样的情况，这就要我们在沟通时因人而异，因事而异，选择最佳沟通方法。

练习说话的方式千千万

你有一千个理由羡慕别人的说话，你更有一万个理由成为具备高超讲话能力的人。那么，为什么不下点功夫呢？

下面的几种方法能帮你练就一张"毒舌"。

复述法

复述法其实很简单，就是把别人的话重复地叙述几遍。这种训练方法的目的，在于锻炼人的记忆力、反应力和语言的连贯性。

复述法的练习可以选一段长短合适、有一定情节的文章。最好是小说或演讲稿中叙述性强的一段，然后请朗诵较好的人进行朗读，最好能用录音机把它录下来，然后听一遍复述一遍，反复多次地进行，直到能完全把这个作品复述出来。复述的时候，可把第一次复述的内容录下来，然后对比原文，看你能复述下多少，重复进行，看多少遍自己才能把全部的内容复述下来。这种练习绝不单单在于背诵，而在于锻炼语言的连贯性。如果条件许可，能面对众人复述就更好了，好处在于能锻炼胆量和克服紧张心理。

开始时，只要能把基本情节复述出来就可以，在记住原话的时候，可以用自己的话把意思复述出来；第二次复述时就要求不仅仅是复述情节，而且要求能复述一定的人物语言或描写语言；第三次复述时，就应基本准确地复述出人物的语言和基本的描写语言，逐次提高要求。

在进行这种练习之前，最好能根据自己的实际情况和所选文章的情况，制定一个具体的要求。比如选一段共有 10 句话的文章，那么第一次复述时就要把基本情节复述出来，并能把几个关键的句子复述出来；第二次就应该能复述出一半以上；第三次就应能复述全部句子。当然，速度进展得越快，也就说明你的语言连贯性和记忆力越强。

模仿法

模仿可是我们从小的本领，比如模仿大人做事，模仿大人说话，其实模仿的过程也是一个学习的过程。那么我们练说话也可以利用模仿法，向这方面有专长的人模仿。这样天长日久，我们的口语表达能力就能得到提高，但要注意其方法：

（1）模仿专人。在你认识的人群中找一位口语表达能力强的人，请他讲几段最精彩的话，录下来，供你进行模仿。也可以把你喜欢的、又适合你模仿的播音员、演员的声音录下来，然后进行模仿。

（2）专题模仿。几个好朋友在一起，请一个人先讲一段小故事、小幽默，然后大家轮流模仿，看谁模仿得最像。为了激发热情，也可以采用打分的形式，大家一起来评分，表扬模仿最成功的一位。这个方法简单易行；且有娱乐性。所要注意的是，每个人讲的小故事、小幽默，一定要新鲜有趣，大家爱听爱学。而且在讲以前一定要进行一些准备，一定要讲得准确、生动和形象，千万不要把一些错误的东西带去，否则模仿的人跟着错了，不但害人，还害了自己。

（3）随时模仿。我们每天都听广播，看电视、电影，那么你就可以随时跟着播音员、演播员、演员进行模仿。模仿时注意其声音、语调、神态、动作等，还可以边听边模仿，边看边模仿。这样天长日久，你的口语能力定会提高，而且会增加你的词汇量，增长你的文学知识。

描述法

看图说话在小的时候都学过，描述法就类似于这种看图说语；只是我们要看的不仅仅是书本上的图；还有生活中的一些景物；而且要求也比看图说话高一些。简单地说；描述法也就是把你看到的用描述性的语言表达出来。描述法可以说是比以上的几种训练法更进了一步。这里没有现成的演讲词、散文、诗歌等做你的练习材料；而要求你自己去组织语言进行描述。所以描述法训练的主要目的就在于训练语言组织能力和语言的条理性。

角色扮演法

角色是指演员扮演的戏剧或电影中的人物。我们这里的角色；与戏剧、电影中讲的角色；有着相同的意义。角色扮演法；就是要求我们学演员那样去演戏；去扮演作品中出现的不同的人物；当然这个扮演主要是在语言上的扮演；你可以这样做：

（1）选一篇情节性强、人物个性突出的小说、戏剧为材料。

（2）对选定的材料进行研究分析；重点是分析人物的语言特点。

（3）根据作品中人物的多少；就可以找人分别扮演不同的角色了。等结果出来比比看；看谁最能准确地扮演好自己的角色。

（4）不用找人；也可自己扮演多种角色；以此培养语言适应能力。

这种训练法要求"演"的成分很重；它有别于对朗诵的要求。它不仅要求声音洪亮；充满感情；停顿得当；还要求能绘声绘色、惟妙惟肖地把人物的性格表现出来；而且要配有一定的动作和表情。

讲故事法

讲故事是生活中常见的事；用在这里可以训练人的多种能力。故事里面既有独白；又有人物对话；还有描述性或叙述性语言；讲好故事可以训练人的多种口语能力；这里介绍几种方法：

（1）分析故事中的人物。故事的情节性是十分强的；而且故事的主题大都是通过人物的语言、行动表现出来的，所以我们在讲故事以前就要先研究人物的性格特征，以及人物之间的关系。

（2）掌握故事的语言特点。故事的语言不同于其他文学形式的语言，其最大的特点是口语性强、个性化强。所以当我们拿到一个材料的时候，不要马上就开始练习讲，而要先把材料改造一下，改成适合自己讲的故事。

（3）反复练讲。对材料做了以上的分析、加工以后，就可以开始练讲。通过反复练讲达到对内容的熟悉，最后能使自己的感情与故事中人物的感情相隔合，做到惟妙惟肖地表现人物性格，而且语言既生动又形象。

其他方法

（1）最容易做到的是深吸一口气，然后数数，看能数多少。

（2）先跑 20 米左右，然后朗读一段文字，尽量避免喘气声。

（3）按字正腔圆的要求反复读一些成语，注意语气和语调。

（4）反复说绕口令，这可是练说话的好方法。

第二章　吸收养分，厚积薄发

有些人有一肚子的话要说，可就是不知道该如何说出口——用什么方式？用什么言辞？或者有些人说了，可根本表述不清楚，给人一种味同嚼蜡的感觉。这是怎么回事呢？

与人交谈，重要的是"肚里有货，言之有物"。一切美丽的花朵，都植根于沃土之中，离开了泥土，它也就失去了养分，会干枯凋零。说话就犹如盛开的鲜花，离开了人的思想、知识、能力、毅力等因素，也就成了一朵空中的花、一朵永远不会盛开的花。深邃的思想、渊博的知识等都是说话者的"养料"。

多读书，积累知识

谈话是一门艺术，所表达的内容包罗万象。通过谈话，可以反映一个人的道德修养、学识水平、思辨能力。要想使自己的语言具有艺术魅力，光靠技巧是不够的，一昧地追求技巧而忽略自身素质的培养只能是舍本逐末，徒有一副空架子。

在现实生活中，许多人以为说话只是口上之才，以为说话好的人，只是因为他们很会说话，而自己是因为没有掌握说话的技巧、没有华丽的辞藻，才不会说话的。他们看见许多说话好的人什么都可以说，谈什么都很动听，就觉得他们口齿伶俐，谈资优美。这种看法是片面的、肤浅的。诚然，说话的能力有赖于日常的训练，但说话的实际基础是他们善于思考、善于观察、兴趣广泛、知识丰富，以及具有强烈的同情心和责任心。"巧妇难为无米之炊"不就说明了这个道理吗？

著名剧作家曹禺曾说，哪一天我们对语言着了魔，那才算是进了大门，以后才有可能登堂入室，成为语言方面的富翁。那么，我们应该怎样来具体学习、锤炼语言呢？下面介绍几种可行、有效的方法。

多读书，多看报

现代生活中，报纸、书籍已经成为人们生活的必备品。在读书看报时，备一支笔、一些卡片纸和一把剪刀，把所见到的好文章，或让自己心动的话语记下来，或者剪下来，或摘抄在卡片纸上。每天坚持做，哪怕一天只记一两句，也会有所收获。日积月累，在说话的时候，也许就会不经意地用上它们，从而使自己的讲话内容丰富起来。"熟读唐诗三百首，不会作诗自会吟"的经验之谈，是大家所熟悉的。它告诉人们要学习口语，提高说话的技巧，就应多读书，多看报。"穷书万卷常暗诵"，吟咏其中，则可心领神会，产生强烈的兴味。

善于学习

对于谈话的题材和资料，一方面要认真地去吸收，另一方面要好好地去运用。懂得如何运用，可以使一句普通的话发挥出惊人的效果。学习吸收的目的是为了更好地应用，不能应用的吸收毫无意义。

熟悉名篇佳作的精彩妙笔，则会获得丰富的词汇，自己演说和讲话时，优美的语言亦可随手拈来。只要我们潜心苦读，勤记善想，揣摩寻味，持之以恒，就能像郭沫若所说的那样"于无法之中求得法，有法之后求其他"了。

注意搜集警句、谚语

在听别人的演讲或别人的谈话时，随时都可以听到表现人类智慧的警句、谚语。把这些话默在心里，记在本子上，久而久之，谈话的题材、资料就越来越多，说起话来也就越来越条理清楚，出口成章。

提高观察问题、思考问题的能力

提高自己的表达能力，就要不断提高自己观察问题、思考问题的能力。要不断丰富自己的学识与经验，并增强想象力与敏感性。随着表达能力的提高，人的综合素质和各项能力都会提高，最后成为一个说话高手。

深入生活

生活是语言最丰富的源泉。要使自己的语言丰富起来，一个闭门造车、与外面世界没有接触的人，是很难如愿的。老舍曾说："从生活中找语言，语言就有了根。"这话含有很深刻的道理。

扩大知识面

知识贫乏是造成语言贫乏，特别是词汇贫乏的一个重要原因。如果《红楼梦》的作者曹雪芹没有相应的词汇，就难以描写贾府上上下下的规矩、内内外外的礼教，就难以把王熙凤泼辣、干练、狠毒的性格描写得惟妙惟肖；如果《水浒传》的作者不懂得江湖勾当，不懂开茶坊的拉线及趁火打劫的种种口诀，他就不可能把那个成了精的虔婆王干娘刻画得绘声绘色。如今，人们都喜欢用"爆炸"这个词来形容某一方面的快速增长，比如：信息爆炸、知识爆炸、人口爆炸，等等。改革开放以来，新词语铺天盖地而至，令人目不暇接，大有"爆炸"之势。

词语是社会生活最敏感的反应器，新词爆炸反映了新生事物的层出不穷，反映了当今社会的迅猛发展，反映了当今生活在开放洪流中的日新月异，我们对这些新的词语应及时掌握，学会运用。

如果我们不想让自己做一个井底之蛙，就应静下心来努力学习，拓展自己的视野。若不想说话空洞无物，就应下决心积累大批的、雄厚的、扎实的本钱，武装自己的头脑，丰富自己的说话内容。

多经历，丰富阅历

一个人说话好，很重要的一点是他所表达的内容是实实在在的，不是虚无的。也就是说，他所说的东西是确实存在的，不是捏造、胡编乱造出来的。而这个确实存在可能是他从别人那里听来的，也可能是他从书本上读到的，还可能是他自己的亲身经历。而这其中，自己的亲身经历是最好的素材。

每个人的成长都会经历许许多多、大大小小的事情，这些事情形成了一个人对世界的认识和看法，形成了一个人的人生观、价值观，营造了一个人的精神世界。它们也会变成一种积累和沉淀蕴藏在头脑中，变成日后的一笔宝贵财富。

就像我们经历一件大的事情，会使我们的认识和心态发生大的转变一样，很多的类似经历都会逐渐渗透、铸造一个人的内心世界，然后体现在外表上，体现在为人处事的方式上，展现在举手投足间，展现在言谈话语中。

著名主持人毕福剑的主持风格随意亲和，言谈话语幽默亲切，这和他丰富的人生阅历密不可分。

毕福剑 1959 年出生于大连；

1976 年至 1978 年间到辽宁新金县太平公社唐房青年点插队，参加辽宁新金县太平公社文艺宣传队；

1978 年至 1985 年间，到（北海舰队）国家海洋局第一调查船大队服兵役，曾任放映组长、俱乐部主任、副航海长、青年干事、团委书记；

1985 年至 1989 年间在北京广播学院电视导演专业就读；

1989 年开始在中央电视台文艺部任导演；

1994年参加大型电视连续剧《三国演义》拍摄，任主摄像之一；

1995年随"中国首次远征北极点科学考察队"去北极，他是第一位徒步参加北极科考的电视记者；

1997年创办《梦想剧场》栏目，任制片人，兼节目主持人，还参与制作和主持了《星光大道》等节目。

恐怕很少有人比他的经历更丰富，如此丰富的生活历练，使他在小小的电视荧屏上主持节目时，自信而大气，能够收放自如，张弛有度，胸有成竹。而这样的心态也使得他在主持时能够即兴发挥、随意评说、幽默诙谐、频频搞怪，也进而让观众感到了无比亲切，得到观众的喜爱也就不足为奇了。

其实，就像我们经历过一次事情，下次再遇到类似的事情就不会慌张一样，一个人的生活历练首先造就了一个人平和的心态，然后为一个人的说话增添了素材，使人说起话来"言之有物"。谈起电视节目主持人的素质，老毕说："我觉得他首先得对节目有一个准确思维的把握。比如在主持《秋菊打官司》中，从头到尾我说的话开的玩笑都围绕《秋菊打官司》这部电影，或者都围绕陕西话，或者都围绕张艺谋一个主线去组织，绝对不会乱。其次就是驾驭现场的能力，主持人可以照本宣科，但是在观众的现场必须能够控制观众的情绪。还有一个最主要的就是作为主持人你一定要是个'博士'，你的知识一定要'杂'。因为在现场你可能什么行业知识都会碰到，所以你必须都要知道一点。当然，作为一个娱乐节目的主持人，你还必须要有幽默感，只有具备这种素质才能让场上活起来。"

观众总会惊叹于老毕的多才多艺，好像他什么都会，也许有的玩得不精，但是摆弄几下也是有模有样。如果说老毕的这些才艺是刻意学来的，倒也未必。比如，他曾经在宣传队干过，这使他有机会接触一些乐器；唱歌唱戏或多或少也有接触。但是一个小小的宣传队显然不可能提供更加广阔的舞台，可见他的才艺有一部分是日常生活的积累，或兴趣、或临时抱佛脚。总之，都成为他日后表演的素材，主持的素材。

所以说，生活历练首先为人们提供了某种经历，这种经历可能在日后的某一天作为一种才能、一种经历、一种资本、一个谈资，为自己的语言增添魅力。

但是，仅仅将这些经历原原本本地讲述出来，有时候是远远不够的，也未必能体现一个人的说话。这个时候，就需要在事实基础上运用一些技巧，使说出来的话更加好听。

生活是说话成功之源，精彩的说话源于精彩的生活。演讲家蔡朝东的演讲《理解万岁》之所以深深打动千千万万听众的心，是因为他曾经在炮火纷飞的老山前线出生入死，曾经在阴暗潮湿的猫耳洞忍饥挨饿，曾经目睹无数英勇无畏的军人为国捐躯的壮烈场面；而张海迪坎坷的人生经历和身残志坚的强者精神则使她的演说更是具有一种与众不同的魅力。因此说，亲身经历的东西最有说服力，也最具感染力。当然，我们每个人不可能都能拥有蔡朝东、张海迪那样丰富、坎坷的经历，也难拥有杨利伟那样独一无二、充满神秘感和英雄色彩的经历。但即使一个平凡人，也可以通过加强生活积累，创造有价值的人生经历。这里关键是要走出去，积极面对生活，感受生活，尝试生活的甜酸苦辣咸；用眼睛欣赏生活的色彩，用耳朵聆听生活的声音，用心灵感受生活的脉动。

精彩的说话需要技巧，但更需要真情实感，所谓"要动心，先美乎情"就是这个道理。当然，感情不可能凭空产生，感情来源于平时的经历和积累。没有丰富人生情感阅历的演员不可能成为出色的演员，同样没有丰富情感经历的人不可能拥有真正出色的说话。真正感人的说话不是表演，而是真情流露！

　　我们常说生活是个大熔炉，即使你是一块废铁，生活也能把你锻造成好钢。因此，多向生活学习，多在生活中历练，就能为自己的说话做好充足的准备，积蓄足够的力量，备足丰富的谈资，插上飞翔的翅膀。

说话用词需谨慎

词语是人说话的基本元素，用对了字词不仅能打动人心，同时更能带出行动，而行动的结果便是展现出另一种人生。马克·吐温说："恰当地用字极具威力，每当我们用对了字眼……我们的精神和肉体都会有很大的转变。"

历史上许多伟大人物就是因为善于运用字眼的力量，大大地激励了当时的人们。当帕特里克·亨利站在 13 个州的代表之前慷慨激昂地说道："我不知道其他的人要怎么做，但就我而言，不自由，毋宁死。"这句话激发了几代美国人的决心，发誓推翻长久以来压在他们头上的苛政，结果造成燎原之火，美利坚合众国由此诞生。

美国一位伟人演讲道："当我们今天得以享受到充分的自由时，不要忘了独立宣言，虽然那没有几句话，却是 200 多年来所给予我们每个人的保障。同样地，当我们这些年致力于种族平等时，不要忘了那也是因为某些字眼的组合而激发出来的行动所致，请问谁能忘记美国马丁·路德金博士打动人心的那一次演讲。他说道：'我有一个梦，期望有一天这个国家能真的站立起来，信守它立国的原则和精神……'"

第二次世界大战期间，英国正处于风雨飘摇之际，有一个人的话激起了英国全民抵抗纳粹的决心，结果他们以无比的勇气挺过了最艰苦的时刻，打破了希特勒部队所向无敌的神话，这个人就是丘吉尔。

从某种程度上说，人类的历史就是由那些具有震撼力的语言推动的，然而却鲜有人知道那些伟人所拥有的语言力量也能够在我们的身上找到。这能改变我们的情绪、振奋我们的意志；乃至于我们有胆量敢于面对一切的挑战，使人生丰富多彩。

我们在跟别人说话时用词常常十分谨慎；然而却不留意自己习惯用的字眼；殊不知我们所用的字眼会深深影响我们的情绪，也会影响我们的感受。因此，如果我们不能好好掌握怎样用词，如果我们随着以往的习惯继续不加选择地用词，可能就会扭曲事实。譬如说当你要形容一件很了不起的成就时，用的字眼是"不错的成就"，那对你的情绪就很难造成兴奋的感觉，这全是因为你用了具有局限性的字眼所致。一个人若是只拥有有限的词汇，那么他就只能体验有限的情绪。反之若是他拥有丰富的词汇，那就有如手中握着一个可以调出多种颜色的调色盘，可以尽情来挥洒你的人生经验，不仅为别人，更可以为自己。

理性与感性相结合

著名作家李准曾经这样说过："没有几下子，很难当个作家！我的看家本事是：三句话叫人落泪，三分钟过戏，把读者的心搁在我手心里揉，叫他噙着眼泪还得笑。"

提到著名表演艺术家常香玉时，许多人不由得竖起大拇指。在她舞台生涯五十周年庆祝大会上，文艺界的许多大腕都来向她道贺。电影导演谢添拉住李准说："李准，我想当众试试你！你自称三句话就能叫人落泪，三分钟过戏，不知你能不能让常香玉哭一场，如果可以，我对你就心服口服了。"

李准皱皱眉，面带难色地对常香玉说："香玉，今天是你的大喜日子，可是他偏偏让你哭，这不是难为人吗？"

常香玉说："你今天若真能让我哭，算你真有本事！"

李准伤感地说："香玉，咱们能有今天，实在是太不容易啦，严格地说，你可算得上是我的救命恩人！我十多岁那年，家乡闹饥荒，大家都逃到了西安，就在人们快要饿死的时候，忽然有人喊：大唱家常香玉施饭了，河南人都去吃吧！大家都一窝蜂似的涌了过去。我捧着粥，泪往心里流。我那时就想，如果以后能见到这位救命恩人，我将当场给她叩个头！没想到我们的见面方式竟是如此独特。当年你被游街示众，他们让你'坐飞机'，而我就站在旁边，心里特别不是滋味，我多想大喊一声，你们放了她吧，她是好人，是俺的救命恩人啊，让我替她游街吧……"

说到这，常香玉已经泪流满面了，对李准说："老李，别再说了。"说罢掩面痛哭起来。大厅里的人们，都沉浸在悲伤的往事中，大家听着李准的故事，为常香玉的遭遇而难过，早已忘记了李准与谢添的打赌，就连谢添也轻轻吸了一下鼻子。

由此看来，李准并非虚夸自己，他针对常香玉特有的心理，再加上生动感人的语言，极力渲染了悲伤的气氛，使人们无一不为之感动。与人交谈过程中，如果有了李准这样的本事，不就能在社交中游刃有余了吗？

那么，究竟该怎么样做，才能使语言更生动呢？还须做到以下两点：

多用感性的话语

感性的话语比较容易抓住听者的心，可以将听觉形象转化为视觉形象，通过视觉形象给人们留下深刻的印象。

理论结合实际

没有人喜欢听那些枯燥的说理性的大道理，与人交谈时应注意这点，最好做到将理论与实际结合在一起，这样说服效果才更明显，语言才能生动感人，具有魅力。

与人交往过程中，生动的语言、总能为自己的形象增添光彩。人们非常喜欢与说话生动的人交往，因为，这样的人总可以为其他人带来乐趣，这样就达到了把话说到点子上的目的。

有趣的话题事半功倍

主题是两人谈话最重要、最关键的内容，是整个表达的根本依据。讲话时每一层次、每一段落、每一个句子、每一个词都反映着一个意思，这些意思都要统帅于主题之下。因此，与人谈话要寻找触点，临场发挥，及时提炼新颖而典型的主题。选择主题有两个原则：一是适应场合，二是适应对方。那么，如何根据场合和对方的需要来确定主题呢？

就地取材话题多

双方介绍姓名后，刚开始交谈是最不容易应付的时候，因受时间的限制，不容许你多作犹豫，又不能冒昧地随便提出其他话题。"今天天气很好"这话最常用，但除了在户外或沙滩上散步时不妨用用之外，在其他场合上说太过敷衍，而且缺乏内容，难以开展较有趣味的谈话。所以在这里，就地取材似乎比较简单适用。

何谓就地取材？那就是按照当时的环境而觅取话题。如果相遇地点在朋友的家里或在朋友的喜筵上，那么对方和主人的关系可以做第一句的话题："你和某先生大概是老同学吧？"或者说："你和某先生是同事吗？"如此一来，无论问得对不对，总可以引起对方的话题，问得对的，可依原本主题急转直下，猜得不对的，再根据对方的回答又可顺水推舟，继续畅谈下去。

"今天的客人真不少！"虽是老套，但可以引起其他的话题。"这礼堂布置得很不错！"赞美一样东西，常是最稳当得体的开始。若是一般社交活动，则"山上的樱花开得很灿烂，颜色真好看，你曾去看过吗？"或"大热天在园子里喝茶，实在太舒服子!"都是就地取材的办法。

第二句的最高境界是人人能了解；人人都能加进自己的意见。由此再探出对方的兴趣和嗜好，然后拓展谈话的领域。如果指着一件绘画说："真像凡·高的作品!"或听见鸟唱就说："很有孟德尔颂音乐的感觉!"除非知道对方是内行；否则不仅不能讨好；而且会在背后挨骂。

如果不知道对方的职业；最好是不要问他。万一他正失业闲居在家，问他职业无异迫使他承认失业，否则他还要随便撒个谎，对于自尊心很重的人是不大好的。如果你想"开发"主题而希望知道他的职业，只能用试探他的方法："你平常会做点球类运动吗?"如果他说"不"，你就可以问他是否很忙；继续下去问出他每天是否有固定的工作时间。如果他说"是"呢，便可加上一句问他通常在何时去运动，而决定他有无职业。

找不出其他话题时，那就用中国的老方法。问对方的籍贯；如"府上是什么地方"等等；以中国人的习惯上是一点不觉得唐突的。知道了籍贯；话题就容易找了。如果是同一个县市呢，那更方便了；随便谈些两人皆知的社会新闻、都市建设、地方习俗等等都可以。

如果是遇到一些知名人士；或有特殊成就的人；或对方已早对你说出自己的身份底细，那么，你大可提出话题；鼓励对方多谈谈他自己得意的方面；一则彼此均甚愉快；同时对方会对你产生好印象。再则；也可以从交谈中吸取新知；获得宝贵经验。

从新颖的角度说起

对同一个问题从不同角度进行表达，使之更加新颖，表达出众。如以小草为题；有人说"小草默默无闻；造福人类"；有人却说"小草逆来顺受；软弱无能，不思反抗"。

马克·吐温在一次宴会上这样讲道："婴儿；是我们每个人

共同拥有的经历；我们不幸不能生为女人；我们大家也并非都是将军、诗人或政治家；但是谈到婴儿时，这是我们共同的话题——因为我们都曾是婴儿。"

马克·吐温以婴儿为线索，话题新颖别致，串联了自己和别人的感情，营造出了热烈的气氛。

从共同点说起

周恩来总理出访印度时，一天晚上召开演讲会，有一帮印度记者扬言要发难总理。当工作人员得知后，将这个情况报告了总理，总理说"你们放心吧，新德里的子弹打不倒我。"于是总理毫无顾忌地走进了会场。总理一上讲台，有位记者就喊："中国佬，滚出去！"这时总理双目扫视了一下会场，然后开始了他沉稳的演讲。台下记者"刷刷"地记录着，总理重申了中国的立场后说："中国、印度，都有着五千年的古老文明，印度的佛教经典，曾给中华民族的成长注入过丰厚的营养，中国的四大发明，也为印度的经济、文化繁荣做过贡献。几千年来，我们一直和平相处，在历史的长河中，中印之间从未发生过真正的战争。我希望，两国即使遇到再大的问题，也应坐下来通过协商解决。切不可对上辜负列祖列宗，对下害了后代子孙。"

这样一番真诚的话语，从印度和中国的共同点说起，接近了与印度人民的距离，消除了记者们的敌意。

从身边事说起

很多人发言时总是喜欢搬用那些来自报纸杂志、广播电视的材料，似乎故事总是别人的好，可是用来用去，反反复复都是耳熟能详的材料，新意全无，怎么能吸引听众呢？为什么不用自己身边的精彩例子呢？只要留心观察，细心挖掘，身边有很多人和事都可以作为发言的话题。而且因为亲眼看见，亲身经历，有所感有所悟，自然十分亲切，感受也会深切，具有说服力。

一位下岗女工这样讲述她的经历："4 年前，单位精简人员，我下岗了。想着自己学历不高，身体又不好，心里痛苦不堪，不知道出路在哪里。一天我拨通了好友的电话，还没开口就忍不住哭了。好友不知道我出了什么事，在电话里哄我：不哭不哭，我马上打车到你家。没过多长时间；她就火急火燎地赶来了。得知我下岗的消息，她才长舒了一口气：'你呀，活活把我急死了，还以为出了什么大事呢，不就是下岗吗？活人还能让尿给憋死？正好，你原来就想当作家，写吧写吧，当自由撰稿人，坐在家里挣钱，多牛啊！'说完她还竖起了大拇指。我一下子被她逗笑了！"

这段话说得生动活泼，充满浓浓的生活气息，容易一下子打动对方。

从经典的故事说起

白岩松在一次主题演讲中这样开始：多年前，有一位学大提琴的年轻人去向 21 世纪最伟大的大提琴家卡萨尔斯讨教，我怎样才能成为一名优秀的大提琴家？卡萨尔斯面对雄心勃勃的年轻人，意味深长地回答："先成为优秀而'大写'的人，然后成为一名优秀和'大写'的音乐人，再然后就会成为一名优秀的大提琴家。"用这样的著名故事开头，会吸引对方为继续探究下面的内容，而更加感兴趣地谈下去。

确定了自己的思路之后应该认真构思腹稿。对于不知道的事情不要冒充内行；不要在公共场所谈论别人的缺陷；不要谈容易引起争论的话题；不要到处诉苦、发牢骚；不宜过长，切忌烦琐啰唆；也不要夸耀个人的成就，自卖自夸；更不要扮演心理分析家，对他人的言行评头论足。

顺手牵羊

在与人交谈中要善于临场"顺手牵羊"，拿来别人的东西加以利用。例如，有一次单位年终发言时，一位男士看到前面的发言者都说得很精彩。就说："刚才××说到……我觉得他说得非常好，我也十分赞同。的确……还有一位女士也说……基本上他们已经把我所想要表达的东西都表达得很透彻了……"这样一来，对方会觉得你很真诚，而那些被你"顺手"牵的"羊"也会觉得受到了你的关注和肯定，而你的话又简洁明了，带有总结性，很深入人心。

选择话题需要注意的事项

说话就是要引起别人的兴趣，引起别人兴趣的话题是交谈的基础，如果你找对了，不但能创造一个融洽的氛围，还能使交谈深入心灵。因此，要想改变言辞乏味、索然无趣的现状，请记住下面几点要领。

满足对方的心理

在生活和工作中，不管是生理上还是心理上，都能产生各种各样的话题，谈话时根据对象应尽可能地从某一方面去满足对方的需要。例如美国女记者芭芭拉·华特在初遇美国航空业界巨头亚里士多德·欧纳西斯时，见他正与同行们热烈讨论着货运价格、航线、新的空运构想等问题，她没法插上一句话，更不能进行交谈了。但到了吃午饭的时间，芭芭拉灵机一动，在进餐时趁大家谈论业务中的短暂间隙，抓住机会赶紧提问："欧纳西斯先生，你在海运和空运方面，还有其他工业方面都取得了伟大的成就，这是令人震惊的。你是如何开始的？最初的职业又是什么？"话一出口就叩动了欧纳西斯的心弦，他随即同芭芭拉侃侃而谈，动情地回顾了自己的奋斗史。因为这一话题正好满足了对方的心理，激发了欧纳西斯的荣誉感、自豪感，这是其心理上的自尊需要。

从关心对方入手

关心与帮助是谁都需要的，抓住这一点就抓住了一个永远受欢迎的话题。例如有一位女记者，在鸡尾酒会上与伊丽莎白女王进行了简短的交谈，记者问："昨天你是否在风雨中视察过铁矿？"听了这话，女王非常吃惊。于是这位记者就提醒女王，她的外衣染成红褐色，女王忽然明白便开始谈论起来。这是因为女记者从关心女王的外衣开始，自然引起女王的好感，使这次交谈获得了成功。

应该注意的是，要同病人谈治病强身的事情，要同家长谈培养孩子的方法，要同青年人谈论理想，要同家庭主妇谈安排生活的诀窍，要同学生谈提高学习的效率……这些话题无一例外都是对方乐于接受的。

调动知识库，快速组织语言

就算有话题可说，可是也有很多人语言组织能力较差，不知道从哪里开始，不知道怎样把心中的材料合理地组织起来，有条理地表达给对方。这就需要一种迅速组织材料的能力。那么如何在发言之前迅速组织材料呢？我们需要一个框架，有了框架，再填材料就显得容易许多。为了能够迅速地组织框架，我们需要知道五个 W。

Why？为什么？

我们与人谈话首先要注意到，为什么会有这次交谈？谈了有没有效果？会不会发生反效果？如果会有反效果，那就别讲了。

When？何时？

话题要符合时间。该什么时候谈的话，只能那个时候说。情人节在另一半耳边说些甜言蜜语是好的，但如果在重阳节再说，那就显得肉麻。

Where？何地——什么场合？

在什么场合说什么话，也就等于说见人要说人话，见鬼要说鬼话。像婚礼、满月酒、升官、乔迁，当然就要说些吉祥的话，丧葬场合等就要说些安慰家属的话。

Who？谁在讲话——此刻是用什么身份在谈话？

比如，要多考虑今天我在台上讲话为什么会让大家信服。因为我年纪到了，知识经验也都丰富了。如果今天是个小学生在台上讲说话的技巧，大家会信服吗？就算讲得再好，也会在心中被大打折扣了，为什么？因为威望不足。所以发言者要认清自己是什么角色，是什么身份在对谁讲话，是对上司、对同事，还是对部属讲话，对同性还是对异性讲话。Who？谁听？在谈话之前要了解周遭的环境。今天是什么样的场合，与我谈话的是什么人，了解这些也是非常重要的。

根据这样的整体思路，再确定材料的运用。常用的组织材料的方法主要有以下几种。

因果关系

先说事情的起因，再说由此带来的结果；或者先说结果，再说其中的原因。比如，下面的开场白就很好：

那天，我听到××回来的消息，兴奋得不得了，赶紧放下电话就急匆匆地从单位出来，心想一定要回家换件漂亮的衣服再去。可是路上塞了半天的车，天气又热，我身上直冒汗。好不容易到了，爬到了5层，一掏兜，居然发现钥匙忘在单位里了。想打电话解释一下，发现连手机也落在出租车上了！哎呀，真是倒霉死了！结果，那天的聚会，我灰头土脸，精神不振。

按事件发生的前后顺序

比如：我1995年考入了东北大学电子工程学院，1998年毕业后考上了哈尔滨工业大学的研究生，3年后成为一名电子信息工程师，从事科研工作。今年已经是我参加工作的第五个年头了，我一直觉得自己非常幸运能从事这样的工作。

总分总的顺序

金正昆教授在讲到礼仪的时候有这样的一段话：

我们有个别同志不太注意，上班、开会、等公共汽车时，没事就爱拿出小镜子打扮自己，当着别人的面去"当窗理云鬓，对镜贴花黄"。（总领全段）一个聪明的女士不要说不在大庭广众之下化妆，就是在男朋友或者在老公面前化妆也大可不必。距离产生美，你在他们面前无遮拦地收拾自己，你被他发现你漂亮起来的秘密，你的美也会大打折扣的。他心里会说"原来如此"，会影响你靓丽的形象。（证明观点）所以聪明女士不在别人面前换衣服、穿袜子、收拾自己……该见外还要见外，别忘了距离产生美啊！（再次总体强调）

层层递进的顺序

一位中国经济学家面对西方的"中国威胁论"这样说：

当年，西方那些不怀好意的预言家用"中国威胁论"来威胁中国，发出"谁来养活中国"的叫嚣；20年后，咱们勤劳智慧的中国人创造出奇迹，咱们生产的粮食不仅养活了13亿中国人还绰绰有余，而且大量出口支援亚非拉缺粮国家，中国已经成为世界第三大粮食出口国！现在不是"谁来养活中国"的问题，而是"中国去养活谁"的事实！

这段话有理有据，层层递进，非常具有说服力。

想要使自己说起话来有条不紊，想让自己能在很短的时间里组织出语言，一定的技巧固然不可少，但是本质上还是要看你的知识储备。巧妇难为无米之炊，腹中空洞，自然没什么可组织的了！你要掌握一定的话题，就需要一定的资讯和知识，在当今社会中掌握信息的渠道非常多，人人都可以不断吸收各种新资讯。如果你能善于在生活中积累材料，自然会大大开阔你的视野、增加你的知识面，再也不会"理屈词穷"了！

总之，见多识广，博学多才，才能让自己有深厚的底蕴，从而能够见什么人说什么话；再加以一定的技巧联系，就会让自己反应快半拍，迅速组织材料，说出精彩的言论来。

运用合适的素材

对于谈话的题材和资料，一方面要懂得去收集；另一方面还要懂得去运用。

懂得去运用，即使一句普通的话，也往往会收到惊人的效果。

以前有个教育家，为了实现自己的教育理念而想办一所学校，他发动自己的朋友去募捐，开始的时候，募捐是很困难的。他有一个朋友，正打算放弃这项工作，并且引用一句古诗"十叩柴扉九不开"来说明募捐困难的情形。

"十叩柴扉九不开"真是把募捐困难的情形形容得恰到好处。但是听了，让人多么心灰意冷啊！

可是这位教育家，把这同一句话，从另外的角度去运用它，就得到了完全相反的效果。

他说："不错，我们现在的情形是十叩柴扉九不开，可是这也就是说十叩柴扉有一扇是开的。那么，我们要敲开十扇门，只要努力一点，多敲几十个门就是了。"

于是他把"十叩柴扉九不开"这句话，改成"百叩柴扉十扇开"，不但激励了他的朋友们，而且完成了募捐建校的任务。

这类例子，还有不少，这里再举两个。

有一个发明家想发明一件东西，他和他的助手们已经进行了1642次试验，可是都失败了。

他的助手说："你看，试验了1642次，一点用也没有。"

这个发明家却说："为什么没用呢？这使我们知道这1642个方法是不能成功的。若要成功必须在这1642个方法之外去找。"

还有一个更有趣味、更富于启示的例子——

古时候，一个音乐家得罪了皇帝，被关在监牢里，可是他还是每天拉他那心爱的小提琴。到了执行死刑的前一天，狱卒忍不住就问他："明天你就死了，今天你还拉它干什么呢？"

那个音乐家说："明天就要死了，今天我不拉，还能什么时候拉呢？"

这些例子都是我们可以运用的对话材料，它能刺激我们的旧观念，使它灵活起来。

当我们说话的时候，不能像背书一样，把记下的话像鹦鹉一样地重述，而是要运用这话，来表示我们的看法和我们的态度，这样别人才不会觉得我们是书呆子。

你每日所遇见的各种可以作为谈话的题材和资料，绝不仅仅只是你与人谈话的题材和资料而已。它们代表每一个事实。你要清楚每一句话，都正向你说明些什么，它们全都向你提供一些对人和对事的看法，都在影响你对人生的观点与态度。在你吸收它们的时候，你不是毫无主见地去吸收。而在你运用它们的时候，你也不是毫无目的地去运用。

在你吸收它的时候，你是需要用自己的观点和态度去衡量一番的。你的耳朵听到一句话，你的心立刻对它做出了判断：喜欢它，或不喜欢它，同意它，或是不同意它。

同样，在你运用它们的时候，你必然也带着你本人的看法。你使用它们只不过是进一步说明你对人对事的看法，提出佐证，证明你所坚持的道理，赞美你所认为美的人物，或是驳斥你所认为错误的理由，批评你认为错误的行为。

第三章　克服紧张，流畅说话

很多人都有过这样的经历：在别人面前说话会紧张、恐惧。在会议等公开场合发言时，大脑会一片空白，无法开口。即使开了口，手心冒汗、双手发抖、声音发颤、语无伦次。这是什么原因呢？心理学上这样解释，说话者由听者的表情、动作及眼神中，自认为听者对自己的说话方式及内容感到不耐。不过，并不是只有你一个人会紧张！无论是谁，无论他经历了多少事情，其紧张情绪多少都会存在，所以说，紧张是很正常的事情。既然大家都会紧张，那还怕什么？

不要怯场，勇敢说话

"我总是不敢在众多人面前说话，那样的话，我会面红耳赤、心跳加快，脑子里一片空白，说话哼哼唧唧、颠三倒四，老半天都不知道自己到底在说什么。"很多人坦然承认自己害怕当众说话，而且为此感到苦恼。英国历史上有位名为狄斯瑞的首相曾说："我宁愿率领一队骑兵去冲锋陷阵，也不愿在下院做一次演讲。"

大多数人都害怕当众讲话，即使是职业演说家都不会例外。人们在说话的时候出现失败是很正常的事情，因为我们是人，而不是神。

英国杰出的现实主义戏剧作家萧伯纳以幽默的演讲才能闻名于世。然而，人们最多的是看到他的辉煌，很少有人知道，他20岁初到伦敦的时候，却羞于见人，胆子很小。遇上有人请他去做客，他总是会在人家门前忐忑不安地徘徊许久，而不敢直接去敲门。一次，朋友邀请他去参加一个学术辩论会。在现场，他慢慢地站起身，紧张极了，然后开始了他有生以来的第一次当众演讲。演讲完之后，他受到了很多人的讥笑。会后，他感觉自己充当了一次十足的傻瓜，蒙受了奇耻大辱。为了雪洗这个耻辱，在此后的一段时间里，他每周都要当众演说一次，人们在市场、教堂、学校、公园、码头，甚至在挤满三四千听众的大厅或者是只有寥寥数人的地下室里，都能看到他的身影，听见他的慷慨陈词。有人曾做过一个统计，在短短十三年的时间里，萧伯纳的演讲竟然达到了1000多次。

正像萧伯纳的第一次演讲一样，害怕当众讲话是一种普遍的心理。许多大演说家的第一次讲演也并非都那样尽如人意，有的甚至还曾出现过非常难堪的场面。国际公认的杰出女活动家蔡特金第一次演讲的时候就出现过这样的状况。虽然在演讲前她已经做了细致充分的准备，可是一上台，紧张得把要讲的话全部忘掉了，大脑一片空白。英迪拉·甘地夫人在初次登台演说时，紧张得一句话都说不出来，自己都不知道自己讲了些什么，只是听到场下一名听众说道："她不是在讲话，而是在尖叫。"在哄堂大笑中，她的讲话结束了，然后窘迫地走下了讲台。美国著名作家马克·吐温说他自己第一次在公开场合演说的时候，嘴里仿佛塞满了棉花，脉搏跳动快得像在争夺赛跑的奖杯。英国政治家路易·乔治说，自己第一次试着公开演说的时候，舌头抵在嘴的上膛，竟然一个字都无法说出来。美国前总统福特刚刚踏入政坛的时候，讲话也结结巴巴，让人听着很不舒服。这样的人实在是多得数不过来。然而他们在经过了第一次窘迫后逐渐地成长了起来，他们在战胜一次又一次的失败后开始变得能言善辩，沉着机智，最后成为举世闻名的演说家。

其实，当一个人害怕当众讲话的时候，往往认为只有自己怯场，而别人并不怯场，因此就总在想："为什么只有我一个人这样呢？"其实，这并非是某个人特有的现象，而是绝大多数人都有的现象，只不过别人对于怯场的现象不太注意罢了。

人们往往会被一些潇洒大方、谈吐自如的节目主持人所折服，被一些口若悬河、音色优美的播音员所倾倒。其实，他们并非天生如此。他们一样有怯场的时候。每个人都有害怕当众讲话的情况，因此，害怕当众讲话是很正常的事情，如果一个人在任何场合都气色安定、谈吐自如，那才似乎有些异常。所以不要把说话当成负担，要敢于说话，要勇于在大众面前锻炼自己的讲演能力，只有如此，才会练就好说话，才能成就好人生。

克服恐惧，微笑表达

1977 年，一本名为《列表之书》的图书畅销全美。其中，有一章的标题是《人类的 14 种恐惧》。你知道排在第一的恐惧是什么吗？不是死亡（死亡排名第七），不是蛇虫虎豹，居然是"在一群人面前讲话"！

在一群人面前讲话真有这么恐怖吗？在一次聚会中，小袁对小高聊起了他对奥运会前后房地产与股票行情的走势预测，说得很有见地。聊着聊着，同桌那些三两捉对聊天的人逐渐都被其话语所吸引，都不再说话，安静地听着小袁一个人"演讲"。小袁开始没发觉时还能侃侃而谈，当他突然发现一桌人都在听他说话时，一下子就乱了方寸，说话也开始结巴，言辞也没有了原先的水准……本来能言善辩，但一到台上面对众人，或成为一群人关注的中心，语言表达能力就迅速下降。这是不少人身上的常态，相信类似的经历，在不少读者中有过，并且有些人还在延续着类似的故事。

如何克服"人类第一恐惧"呢？最近，某电视台的主持人告诉观众，其实在上大学前，他是一个不敢当众说话也不善于说话的人，他成为主持人，除了苦练普通话外，还迈过了两个坎。让我们来看看他究竟迈过的是哪两个坎？

说话紧张的坎

有些人在众人面前说话时，表情十分不自然，除了容易怯场之外，还常常说出几句自己也没想到的不合适的话或词汇，这令他们自己也大为吃惊。其实，导致这种现象的原因主要是缺乏心理准备和实际训练，通过下列的训练完全可以克服。

第一，努力使自己放松。说话紧张的人大都是想要说话时呼吸紊乱，氧气的吸入量减少，头脑一时陷于麻木状态，从而不能按照所想的词语说出来。

在某种意义上说，"呼吸"和"气息"是一个意思，因而调整呼吸就是"使气息安静下来"。

说话时发生不正常情况通常是这样的顺序：怯场——呼吸紊乱——头脑反应迟钝——说支离破碎的话。因此调整呼吸会使这些情况恢复正常。

说话时全身处于松弛状态，静静地进行深呼吸，在吐气时稍微加进一点力气。这样一来，心就踏实了。此外，笑对于缓和全身的紧张状态有很好的作用。微笑能调整呼吸，还能使头脑的反应灵活，话语集中。

第二，练习一些好的话题。在平时应酬中，我们可以随时注意观察人们的话题，哪些吸引人而哪些不吸引人？为什么？原因是什么？这样自己开口时，便能自觉地讲一些能引起别人兴趣的事情，同时避免引起不良效果的话题。

第三，回避不好的话题。哪些话题应该避免呢？从你自身来说，首先应该避免你不完全了解的事情。一知半解、似懂非懂、糊里糊涂地说一遍，不仅不会给别人带来什么益处，反而给人留下虚浮的坏印象。若有人就这些对你发起提问而你又回答不出，则更为难堪。其次是要避免你不感兴趣的话题，试想连你对自己所谈的话题都不感兴趣，怎么能期望对方随你的话题而兴奋起来呢？如果强打精神故作昂扬，只能是自受疲累之苦，别人还可能看出你的不真诚。

第四，训练丰富话题内容。有了话题，还得有言谈下去的内容。内容来自生活，来自你对生活的观察和感受。我们往往可以从一个人的言谈看出他丰富的内涵及对生活的炽烈感情。这样的人总是对周围的许多人和事物充满热情；很难想象一个冷漠而毫无情致的人会兴致勃勃地与你谈街上正流行的一种长裙。

第五，训练语言方式。词意是否委曲婉转？话题是否恰到好处？言谈是否中肯？是否把握要领？口齿是否清晰明白？说话是否犯唠叨琐碎的毛病？说话音量大小是否适度？说话速度是否不急不缓？话中是否不带口头禅？说话是否简洁有力？措辞是否恰如其分、不卑不亢？话中是否带多余的连接词？说话是否真实具体？是否能充分表达说话目的？言谈时是否能设身处地为对方着想？说话是否心无旁骛、专心一致？话中是否含有自我吹嘘成分？是否只顾自己滔滔不绝地说个不停？是否出口伤人？是否能真诚地与人寒暄客套？说话是否能参酌量情？是否能掌握说话技巧？是否能巧妙掌握说话契机？是否能专心听人说话？

虽然，我们在和人应酬交谈当中，不可能时时都能使对方感到既愉快又有趣；但是训练有素的谈话能帮你赢得社交，给人留下好的印象。在公共场合与人交谈是一种社会行为，像其他社会行为一样，谈话也有一定的规矩，要做个谈话高手，都必须遵从。与人谈话，哪些可说，哪些不可说，有很多讲究。

调整心态，战胜自卑

除了因为害羞、胆怯不敢说话以外，还有一些人是因为自卑而不敢说话。

所谓自卑，是指一个人对自己严重缺乏自信，认为自己无法胜任自身角色的一种异常心理。生活中，常有这样一些人，他们习惯于拿自己的短处与别人的长处相比，越比越觉得不如别人，越比越泄气，导致消极的自我评价，形成自卑心理；还有一些生性敏感的人总认为别人瞧不起自己，所以办事畏缩、回避交往、害怕交往、同样也形成自卑心理；更有一些人因为在与他人交往的过程中遭受过挫折，以致自卑，在众人面前不敢说话。总之，自卑心理产生的原因是多方面的。从主观上说，自卑心理是由于后天长期对自我的不当评价而逐渐形成的。从客观上说，自卑心理是因为个人的某些生理缺陷或者长期遭受失败体验而造成的。

一个人说话的时候自卑可以分为以下四种情况：

第一，在别人说话优势面前的自卑。在我们的生活中，常常见到这样一些人，他们口齿伶俐，说起话来抑扬顿挫、生动形象……在这些强势的说话者面前，那些内心有自卑感的人往往会觉得很有压力。他们可能会想：我说话不流利，声音也不好听，如果我发言了，一定会被大家笑话的，还是不说为好，免得丢人现眼。这样，他在心理上被别人的说话优势"吓"倒了，因此变得越来越不爱说话。

第二，在别人独到见解面前自卑。比如，在学校课堂上，那些口齿伶俐、有个人独到见解的学生总是备受老师的青睐和同学的羡慕。让他们发言，对整个课堂来说无疑起到了点睛的作用。

正因为如此，老师们总是喜欢请这些"优生"发言，冷落了那些原本就不善言辞的孩子。而那些"不爱"说话的孩子，也有"自知之明"，他们总觉得别人说得那么好，自己比不上人家，还是保持沉默的好。久而久之，他们失去了"发言权"，变得愈加自卑、不爱说话了。

第三，在别人的心理优势面前自卑。说话，从某种意义上来说并不是简单地用嘴表达，更有个人的思维、心理活动参与其中。说话能力、思维状况是稳定因素，心理活动则是变化因素。因此，一个人的心理活动常常影响到他的说话水平。面对不同的说话对象和说话关系，心理常会出现微妙变化。比如，小黄在平时和自己的同事说话聊天总是妙语连珠、气畅语酣。但一有领导参与其间，他就觉得对方说话水平就是高自己一筹。所以自己还没开口说话，在心里已经泄了气。

第四，因以往的说话失败的经历而自卑。有的人可能有过一些说话失败的经历，以致留下心理阴影。比如，在单位发言的时候，因为结结巴巴、漏洞百出，遭到了同事们的耻笑……那以后，每每自己准备表达的时候，就会不自觉地想到了失败经历，于是，索性不说了。

总之，每一个说话自卑、不敢当众发言的人，都有过一些特殊的经历。要想纠正自卑的心理，应做到以下几点：

第一，多看自己的优点，正视自己的缺点。正所谓"尺有所短，寸有所长"，每个人都有自己的优势。只要能不断地看到自己的长处，发现自己的闪光点，就能变得越来越自信，从而敢于大声说话和大胆积极地展示自己。

小钰是个自卑的孩子，在同学面前说话时，她的声音小得像蚊子叫。有一天，老师不耐烦了，就呵斥小钰："你就不能大点声说话吗？你想想蚊子的叫声我们听起来能喜欢吗？"一时间，班上的小朋友哄堂大笑起来，还有一些孩子恶作剧地冲着小钰喊："蚊子，蚊子，说话嗡嗡嗡的蚊子！"小钰可怜兮兮地站在讲台前，着急地哭了起来。后来，小钰索性不说话了，有什么问题就只是点头或摇头，这让爸爸妈妈很是着急。最后，小钰的爸爸妈妈不得不带着小钰去请教心理医生。面对这种情况，心理医生告诉小钰的爸爸妈妈，多赞美孩子，告诉孩子她的优点，这样，孩子就能慢慢地找回自信。在心理医生与爸爸妈妈的努力下，果不其然，小钰慢慢地恢复了自信，变得开朗活泼起来了，说话的声音也变大了。

第二，看清楚别人和自己的优势。一个人说话的时候自卑，从本质上说是对别人评估过高引起的。过高地评价了对方，从而看轻了自己，产生距离意识和崇拜意念，此时既卑且怯。如果能够加强对别人的认识，把对方看作是一个平常人或自己身边的好朋友，这样就会减少自卑感了。第三，每次说话打退堂鼓的时候，都要鼓励自己再坚持三秒钟。在别人出色的表现面前打退堂鼓草草收场，不仅让自己尴尬，还会给以后的说话带来恶性循环。这个时候，只要坚持下去，哪怕说得不好，自卑心理也会得到有效的克服。

不要过分在意个人形象

很多人之所以不敢秀出自己，与太在意别人的看法有关。他们在表达自己的思想时，瞻前顾后，察言观色，总是担心自己的言语会给对方带来负面影响，以致自己的"发言效果"大打折扣。其实，就算你虚心听取别人的意见，委屈顺从别人的"意愿"，那也未必能真正迎合别人——要知道，别人对你的看法总是有水分的，有的人总是挑好的说，如果以此为据，你可能会高估自己，自我感觉良好。但也有人可能专挑坏的讲，故意贬低你。所以，当你打算和别人交谈时，就不要太在意别人的看法，做真实的自我最重要。

美国著名女演员索尼亚·斯米茨小时候在一个农场里生活。那时候她在农场附近一个小学里读书。有一天，她回家后就伤心地哭了，父亲问时，她断断续续地说道："我们班里一个女生说我长得很丑，还说我跑步的姿势很难看。"

父亲听完她的哭诉后，没有安慰她，只是微笑地看着她。忽然父亲说："我能够得着咱们家的天花板。"

当时的索尼亚听到父亲的话觉得很奇怪，她不知道父亲想要表达的意思，就问："你说什么？"

父亲又重复了一遍："我能够得着咱们家的天花板。"

索尼亚完全停止了哭泣，她仰着头看了看天花板，将近4米高的天花板，父亲能够得着吗？尽管她当时还小，但她不相信父亲的话。

父亲看她一脸的不相信，就得意地对她说："你不信吧？那么你也别相信那个女孩子的话，因为有些人说的并不是事实。"

就这样，索尼亚明白了：不能太在意别人说什么，只要自己不否定自己就行。

看了这个故事，你应该明白，太在乎别人对你的看法，你就不能做真正的自己了。如果什么事都想着别人怎么看，你又怎么能表现出真实的自己呢？有时候，我们没必要管别人怎么看，每个人都会有自己不同的看法，自己认为正确就行。

生活中，很多人都活在别人的眼光中，生活在别人的价值观里。上课回答问题的时候紧张，生怕回答错了遭到同学的嘲笑；走上工作岗位，又要尽可能使自己在同事的心目中是完美的，在老板的眼中是优秀的。

这是因为他们常常高估了自己在别人心目中的地位，努力想去扮演一个完美者的形象。事实上，不必过分在乎别人对你的看法，这种多心只会使你寸步难行。只要你记住，做好你自己就足够了！

如果一个人太在乎别人的看法，他就很难在众人面前展现真实的自己，时间长了，就会养成犹豫不决的性格；如果一个企业家太在乎工人的看法，他就难以成为强有力的管理者。在发奖金的时候，他会首先考虑到副经理会怎么想，科长会怎么议论自己，然后那些老工人会不会认为我不照顾他们，还有门卫会不会认为我不体贴他。这样，不调整十几遍，奖金是发不下去的；如果是一个歌唱家，上台之前太注重外表形象，一身衣服会换上十来次，最后还是带着疑惑上场，上场后发现掌声并没有那么热烈，心里就会万分失落……这样的歌手肯定唱不好，也不会受到大家的欢迎。

黄美廉是一位自小就患脑性麻痹的病人，脑性麻痹夺去了她肢体的平衡感，也夺走了她发声讲话的能力。从小她就活在诸多肢体不便及众多异样的眼光中，她的成长充满了血泪。

然而，她没有让这些外在的痛苦击败内在的奋斗精神，她经过自己的一步步艰苦努力，最终获得了加州大学的艺术博士学位。她以手当笔，以色彩告诉人"寰宇之力与美"，灿烂地活出生命的色彩。

在一次演讲会上，一个学生小声地问："你从小就长成这个样子，请问你怎么看自己？你都没有怨恨吗？"

"我怎么看自己？"黄美廉用粉笔在黑板上重重写下这几个字。写完之后，她停下笔来，歪着头，看看发问的同学，然后嫣然一笑，回过头去，在黑板上龙飞凤舞地写了起来：

（1）我好可爱！

（2）我的腿很长很美！

（3）爸爸妈妈很爱我！

（4）上帝很爱我！

（5）我会画画！我会写稿！

（6）我有只可爱的猫！

（7）还有……

教室内鸦雀无声，她回过头来坚定地看着大家，最后郑重地在黑板上写下了她的结论：我很优秀，我欣赏我自己。

黄美廉倾斜着身子站在讲台，满足的笑容从她的嘴角荡漾开来，有一种永远也不被击败的傲然写在她的脸上。同学们的眼睛湿润了，黄美廉的这句话和她那不屈的形象鲜活地印刻在他们的心上。

是的，一个人如果太在乎个人形象，再快乐的事情在他眼中也会变得不快乐了。所以，不要为了别人的看法而改变自己的说话方式，不要为了别人的看法而盲目地让自己服从。走自己的路，在别人面前展现真实的自己吧！

如何与陌生人交谈

很多人在和陌生人交谈时，就感觉如临大敌一般，羞怯、紧张、局促、手足无措，甚至连挤两句应酬话也生涩，平日的伶牙俐齿、妙语连珠也不知躲到哪里去了。可是，在这个缤纷的社会，不愿、不会、不能与陌生人打交道，如何生存？何况，和陌生人交谈正是克服胆怯心理、提高说话技巧的最佳方法。

首先，和陌生人交谈可以体现和加强一个人的自信。心理学实验表明，人类很多特性的分布都有一个规律：特别好和特别差的人各只占2%左右，中间水平的占95%，也就是说绝大多数的人水平都是差不多的，都是正常水平。和正常的陌生人进行一次交谈，能让我们吸收到新信息，也能验证我们对人性的一些观念，还能感受到人与人之间的热情、信任，这些良性的结果必定增强一个人生活的信心。

其次，和陌生人交谈，还能体现个人独立性，有助于人格发展。大家都明白，和熟人打交道，说话的方式依附于社会关系，服从说话人的身份，很多时候并非是个人独立意志的表达。和陌生人说话则不一样，互相之间常常作为独立的个体交往，彼此没有切身的利益关系，双方见到的都只是眼前的这个人，不会特殊关照也不会有什么成见，相对客观、平等，这种完全对等的关系，对一个人的人格成长是很有帮助的。

第三，和陌生人交谈，更能锻炼说话和人际沟通艺术。熟人之间，彼此都很了解，不会很注意说话的方式和方法。而陌生人之间的交往从零开始，需要有意识地运用沟通技巧来建立关系，多次下来，人际沟通能力和说话能力就会得到提高。

如果我们因为害怕和陌生人交谈而躲着、藏着，那只会永远没有什么出息，惧怕、不敢当众说话的"病症"也只会越来越重。所以，我们应该"逼"着自己多与陌生人交谈，训练自己与陌生人说话的技巧，培养自己胆大、能言善辩等能力，以更好地在社会中立足。

李力的妈妈是这样训练孩子与陌生人打交道能力的——

儿子刚刚学会说话的时候，她就尽力在任何能够和他人交流的时候，让他先开口说话。

首先，每天刚出门的时候，不管碰到什么人，李力的妈妈都让李力主动打招呼。比如碰到一个女性老年人，妈妈会示意孩子："儿子，说奶奶好！"如果碰到的是男性老年人，就告诉孩子"儿子，说爷爷好！"其他不同年龄的人依此类推。慢慢地，李力每当遇到这种场合就会马上微笑着和人家打招呼，每个被李力打招呼的人都热情地对他说："小朋友好！"并且还表扬他很懂事，这样，李力就养成了跟别人有礼貌地打招呼的好习惯。

李力的妈妈为了更好地锻炼孩子与陌生人打交道的能力，就经常带着李力到朋友家做客。在朋友的家里，李力的妈妈教孩子该如何懂事礼貌地做客人，教儿子和朋友家里不同的人交流和谈话。

在妈妈有意识地培养和训练下，李力上幼儿园时，说话的技巧就很强。有一次，老师为了了解孩子与陌生人交流的能力，特地请了小区里的一个年轻叔叔来幼儿园里搞测试。轮到李力的时候，那个陌生叔叔说："小朋友你真可爱，来吃块巧克力。你妈妈今天加班，她让我替她来接你。"

李力听了，微笑地回答道："谢谢叔叔，可是我不认识您，不能随便吃您的东西，我们还是去问问老师吧。"

躲在旁边听他们对话的老师频频点头。之后，幼儿园的老师表扬了李力，还夸李力的妈妈教育得好。

李力上小学以后，立刻成为班级中最会和同学和老师交流的人，同学们有什么问题总会跟他说，让他帮忙解决。

可见，硬着头皮与陌生人交谈、打交道的能力非常重要。一个人只有学会了与陌生人打交道，才能在以后的生活中更好地与人交往，发展自己的说话能力。

当然，与陌生人交谈要注意技巧，这样，才会让你事半功倍。

第一，寻找能让对方产生共鸣的话题，"黏"住对方。俗话说，"物以类聚，人以群分"，每个人的社交圈，其实都是以自己为圆点，以共同点（年龄、爱好、经历、知识层次等）为半径构成的无数同心圆，共同点越多，圆与圆之间重叠的面积越大，共同语言也就越多，也越容易引起对方的共鸣。共同之处包括彼此共同的专业、工作、家乡、熟人、兴趣、爱好等。因此，在与对方搭讪时，一定要留意共同点，并不断把共同点扩大，对方谈起来才会兴致勃勃，谈话才会深入持久。

第二，多谈对方关心的事情。人们最关心的是自己，这是人类最普遍的心理现象。因此，你必须谈对方所关心的，这样，对方会认为你很关心体贴他。

第三，态度要谦逊、低调。有的人各方面条件确实不错，但为什么常常在与别人搭讪时遭到冷语，自讨没趣？关键就是这些人摆出一副高高在上的姿态。谈起事情来眉飞色舞、夸夸其谈，这是令人讨厌的。一般而言，那些经历坎坷、屡遭不幸，最终通过自己的努力而获得成功的人，最能赢得别人的好感。因此，政治家或明星为了赢得支持，往往再三渲染自己童年遭受的不幸和为了取得成功付出的巨大努力，这是一种明智的交际技巧。所以，在与陌生的人交谈时，不妨多谈昔日的坎坷、拼搏的历程，这样往往容易唤起对方的好感和钦佩。

　　第四，策划"偶然"事件。有时，你可能没有机会和陌生的意中人接触，更谈不上搭讪，在这样的情况下，你不妨给自己"制造"一个机会。一个星期六的下午，一位穿着利落、长相英俊的小伙子手捧一束玫瑰，礼貌地敲一间公寓的门。公寓的主人是联邦德国外交部年轻女秘书凯因斯，打开门后，她面对这位"不速之客"竟有些不知所措。男士连连道歉："不好意思，我敲错了门，请原谅。"然后，他接着说："请收下这束花，作为我打扰你的补偿。"凯因斯盛情难却，收下了花，并把小伙子邀请进屋。这个"误会"其实是小伙子精心策划的。"众里寻他千百度，蓦然回首，那人却在灯火阑珊处。"许多时候，在不经之间，你也许能遇上让你怦然心跳的异性。这时，不要因为你羞于开口或者支支吾吾而就此错过一段好姻缘。只要你克服恐惧的心理，并且掌握一些交谈技巧，也许就能开展一段美好的感情。

只要胆子大，口吃不可怕

只要有信心，只要有胆量，只要有勇气，一个口吃者也可以站上大众的舞台。也许他的话未必很出彩，但在这个过程中，他能获得一份肯定。

2007 年 10 月 9 日，"北京口吃协会"公益组织的 4 名成员在北海公园永安寺的一角，通过演讲的形式向游人宣讲口吃常识，并呼吁人们正确对待口吃患者。

成员小张说：非常感谢你能聆听我的演讲，不知道你是否听得出来，其实我是一名口吃患者……

23 岁的口吃患者小超也在一处凉亭内向正在小憩的游人们进行了演讲：我以前是一名严重的口吃患者，并自卑地以为"天下唯我独吃"，但是通过一年多有意识地与人进行交流，现在我的口吃症状已经改善了许多……

虽然小超演讲的时候难掩害羞地红着脸，但是他的真诚还是让周围的人将视线转向他，认真地聆听。

当唯一的女成员秋颖登场时，因为过度紧张而一时说不出话，这时，周围的人群中立即爆发出鼓励的掌声，给了秋颖打气说："别害怕，姑娘，大点声儿。"

在祖国的另一个城市，另一群口吃的人也在做演讲的训练：

某日上午 10 时许，西安雁塔西苑一个亭子旁围了不少人，亭内两个年轻人拉着"当众演讲训练营"的大红旗子，其他 12 名小伙们一个接一个上来站在旗子前做演讲。

一个年轻人讲道：今天来这里演讲的是一群"吃友"，也就是"结巴"，但大家都为了战胜自己在这里训练，讲得不好请大家见谅。我是一个"结巴"，因为上小学一年级时看班里其他同学口吃，觉得好玩就跟着学，谁知竟然让我坠入了口吃的深渊，竟然改不过来了，口吃一下让我痛苦了 18 年呀！今天我敢站在这里，都是锻炼的结果，两年前我和陌生人面对面还说不出话呢！所以，朋友们，千万不要学别人口吃哦！

这个年轻人大胆的演讲引来了群众阵阵的掌声，旁边一位男士微笑着说："'结巴'比我还演讲得好呀！"

到下午，这群"吃友"们要去环城公园做释放训练，他们在公交车上也继续演讲，给车上的人们带来欢笑。14 时许，几个年轻人在环城公园内的演讲训练又开始了。他们 10 多个人轮番站在由他们自己围好的圆圈中间，喊着："我演讲！我勇敢！我快乐……"

一个年轻人对路人讲："虽然我们口吃，但我们也要大声演讲。"

事实上，口吃不可怕，有口吃的人也可以获得成功，也不妨碍他们做影视演员、配音演员、演说家、歌手等。比如偶像派影视明星周迅、王学兵、话剧演员蓝天野、著名配音演员童自荣、中国摇滚音乐之父崔健等都有过口吃。

口吃的人只要对自己多一些信心、多一些肯定，也可以成为一个说话高手。

不要害怕说错话

有这么一些人，他们不敢在众人面前说话，是因为害怕说错话、害怕出丑。他们总是这样暗示自己："写错的字可以涂改，说错的话却如飞出去的箭无法回头，因此，在说话时要谨防失当。"因噎废食的结果可想而知，这些人越来越沉默、越来越成为社会的弃儿。其实，世上哪有常胜将军呢？说话亦如此，即使是在竞选中脱颖而出的美国前总统福特，也曾说过"中国主要住着中国人"之类的蠢话。

所以，不必担心自己会说错话，即便说错了也没什么，完全可以补救嘛！

下面介绍几种在言语失当时如何巧妙化解的招数。相信会对那些总担心说错话而宁做"哑巴"的人有所帮助。

及时改口

历史上和现实中，许多能说会道的名人在失言时仍死守自己的城堡，因而惨败的情形不乏其例。比如 1976 年 10 月 6 日，在美国福特总统和卡特共同参加的、为总统选举而举办的第二次辩论会上，福特对《纽约日报》记者马克斯·佛郎肯关于波兰问题的质问，作了"波兰并未受苏联控制"的回答，并说"苏联强权控制东欧的事实并不存在"。这一发言在辩论会上属明显的失误，当时立即遭到记者反驳。但反驳之初，佛郎肯的语气还比较委婉，意图给福特以更正的机会。他说："问这一件事我觉得不好意思，但是您的意思在肯定苏联没有把东欧化为其附庸国？也就是说，苏联没有凭军事力量压制东欧各国？"

福特如果当时明智，就应该承认自己失言并偃旗息鼓，然而他觉得身为一国总统，面对着全国的电视观众认输，绝非善策，于是继续坚持，一错再错，最后为那次即将到手的当选付出了沉重的代价。刊登这次电视辩论会的所有专栏、社论都纷纷对福特的失策做了报道，他们惊问：

"他是真正的傻瓜呢？还是像只驴子一样的顽固不化？"

卡特也乘机把这个问题再三提出，闹得天翻地覆。

高明的纵横家在被对方击中要害时决不强词夺理，他们或点头微笑，或轻轻鼓掌。如此一来，观众或听众弄不清他葫芦里藏的是什么药。有的从某方面理解，认为这是他们服从真理的良好风范；有的从另一方面理解，又以为这是他们不屑辩解的豁达胸怀，而究竟他们认输与否尚是个未知的谜。这样的纵横家即使要说也能说得很巧，他们会向对方笑道："你讲得好极了！"

相比之下，美国总统里根访问巴西，由于旅途疲乏，年岁又大，在欢迎宴会上，他脱口说道：

"女士们，先生们！今天，我为能访问玻利维亚而感到非常高兴。"

有人低声提醒他说溜了嘴，里根忙改口道：

"很抱歉，我们不久前访问过玻利维亚。"

尽管他并未去玻利维亚。当那些不明就里的人还来不及反应时，他的口误已经淹没在后来的滔滔大论之中了。这种将说错的地点时间加以掩饰的方法，在一定程度上避免了当面丢丑，不失为补救的有效手段。只是，这里需要的是发现及时、改口巧妙的语言技巧，否则要想化解难堪也是困难的。

巧妙转换话题

错话一经出口，在简单的致歉之后立即转移话题，有意借着错处加以发挥，以幽默风趣、机智灵活的话语改变现场上的气氛，使听者随之进入新的情境中去。

曾有一个新毕业的大学生去某合资公司求职，一位负责接待的先生递过来名片。大学生神情紧张，匆匆一瞥，脱口说道："滕野先生，您身为日本人，抛家别舍，来华创业，令人佩服。"那人微微一笑："我姓滕，名野七，地道的中国人。"大学生面红耳赤，无地自容，片刻后，神志清醒，诚恳地说道："对不起，您的名字使我想起了鲁迅先生的日本老师——藤野先生。他教给鲁迅许多为人治学的道理，让鲁迅受益终生。希望滕先生日后也能时常指教我。"滕先生面带惊奇，点头微笑，最终录用了他。

将错就错

这种方法就是在错话出口之后，能巧妙地将错话续接下去，最后达到纠错的目的。其高妙之处在于，能够不动声色地改变说话的情境，使听者不由自主地转移原先的思路，不自觉地顺着演讲者的思维而思维，随着演讲者的话语而调动情感。

纪晓岚称皇上为"老头子"，不巧被皇上听到，龙颜大怒。纪晓岚急中生智，说："皇上万岁，谓之'老'；贵为至尊，谓之'头'；上天之子，谓之'子'。"皇上听了，转怒为喜。

纪晓岚的将错就错令人叫绝。错话出口，索性顺着错处接下去，反倒巧妙地改换了语境，使原本轻慢的失语化作了尊敬的称呼，颇有些点石成金之妙。

借题发挥

素有"东北虎"之称的张作霖虽然出身草莽，却粗中有细，常常急中生智，突施奇招，使本来糟透了的事态转败为胜。

有一次，张作霖出席名流集会。席上不乏文人墨客和附庸风雅之人，而张作霖则正襟危坐，很少说话。席间，有几位日本浪人突然声称："久闻张大帅文武双全，请即席赏幅字画。"张作霖明知这是故意刁难，但在大庭广众之下，"盛情"难却，就满口应允，吩咐笔墨侍候。这时，席上的目光全都集中在张作霖身上，几个日本浪人更是掩饰不住讥讽的笑容。只见张作霖潇洒地踱到桌案前，在满幅宣纸上，大笔挥写了一个"虎"字，左右端详了一下，倒也匀称，然后得意地落款"张作霖手黑"，踌躇满志地掷笔而起。

那几个日本浪人面对题字，一时丈二和尚摸不着头脑，不由得面面相觑。其他在场的人也是莫名其妙，不知何意。

还是机敏的秘书一眼发现了纰漏，"手墨"（亲手书写的文字）怎么成了"手黑"？他连忙贴近张作霖身边低语："大帅，您写的'墨'字下少了个'土'，'手墨'写成了'手黑'。"张作霖一瞧，不由得一愣，怎么把"墨"写成了"黑"啦？如果当众更正，岂不大煞风景？还要留下笑柄。这时全场一片寂静。

只见张作霖眉梢一动，计上心来，他故意大声呵斥秘书道："我还不晓得'墨'字下面有个'土'？因为这是日本人索取的东西，不能带土，这叫寸土不让！"语音刚落，立即赢得满堂喝彩。

那几个日本浪人这才领悟出意思来，越想越觉得没趣，又不便发作，只得悻悻退场。

自己批驳

这个方法很简单，也很有实效。比如："我认为公司的发展在近期不理想……"说着说着，发现自己把意思说反了。这时，可以停下来，问："大家认为这个看法对吗？"不等别人回答，自己马上抢先给出答案："很显然，这个看法是错误的。"然后再针对自己之前的口误进行批驳，别人还以为你开始的说辞是故意在给自己"树靶子"，哪会想到你是口误？

有位领导在记者面前说了这样的话："到海南去旅游要小心，各种陷阱太多，旅游业不规范。"说完后感觉不妥，忙改口："这是网上部分网民的观点，我认为是片面的。首先……"一句差点酿成祸的话，就这样巧妙地化解了。

第四章　不说废话，一语中的

任何事物，不管是多复杂的现象、多深奥的思想，说到底也就是经过概括和抽象后的认知。而这些认知就是事物的精华与核心，只要你能抓住并领悟它，就能触类旁通。所以，如果你能用极为简明的语言，条理分明地将自己的观点加以表述，或将对方思想、观点上的实质部分一一揭露，便能收到"片言以居要，一目能传神"的效果。

俗话说："秤砣虽小压千斤。"画龙点睛的语句，能在关键时刻发挥重要的作用。它包含说话者高度浓缩的思想、感情、智能和力量，具有以少胜多、点石成金的特殊作用。

一句话的力量

两千多年前，恺撒大帝在一举击溃的帕尔纳凯斯的军队时，给朋友的捷报只用了三个拉丁词："Veni，Vidi，Vici！"翻译成中文就是："我来了，我看见了，我征服了！"用词简洁得不能再简洁，却传递了胜利的信息，以及他志得意满的心情与豪气干云状态。

提高好说话的终极目标，是为了高效推销自己的思想。如果能很快很准确地把话说在关键时，把力用在点子上，你就是一个赢家。

如果要评一个史上福布斯百富榜，和珅大概是一个争夺首富的热门人选（皇帝不参与角逐）。在嘉庆四年查抄这个首富时，估算其总资产当有 8 亿两白银以上。乾隆末年国家财政每年的实际收入大概是 7000 多万两白银，和珅的财产相当于清朝盛世十多年的财政收入。这个数目真是大得匪夷所思。

和珅的发迹，和一句话有莫大的关系。他屡次应举不中，就通过关系成了协同管理皇帝銮舆、仪仗的侍卫。依照现在的话说，也就一个元首的司机班成员。有一次，乾隆皇帝出宫。起行之际，仓促间找不到御用的黄龙伞盖。乾隆很生气，借用《论语》上的一句话发问："是谁之过欤？"在场者面面相觑，不知如何回答。此时和珅却立刻站出来答道："典守者不得辞其责。"乾隆帝很吃惊，因为《四书》上对上句话的注解是："岂非典守者之过邪？"这里，和珅变通得自然贴切。乾隆皇帝是一个很爱才的人，当场就把和珅叫过去询问。而和珅回答得很得体，很让乾隆皇帝满意。

就这样，和珅通过这一句话获得了乾隆皇帝的青睐，让他总管仪仗队。不久，又升为御前侍卫兼副都统。就这样，和珅成了乾隆最贴身的人。再后来，他通过努力，变贴身为贴心。

可以说，和珅适时的一句话，拉开了他平步青云的序幕。当然，和珅的贪腐应该抨击，但其过人的说话却值得我们学习。说话无罪，有罪的是他的贪婪。

有人用三个字传递捷报，有人凭一句话平步青云。还有人用一句话来做演讲。在我们的印象中，演讲应该是长篇大论、旁征博引、纵横捭阖，才能将事情说清，把观点讲透。但合适的一句话演讲，也能起到有过之而无不及的效果。

1936年10月，邹韬奋先生在上海各界公祭鲁迅先生的大会上发表演讲，就只有一句话："今天天色不早，我愿用一句话来纪念先生：许多人是不战而屈，鲁迅先生是战而不屈。"

按照常理，万人景仰的鲁迅先生英年早逝，悲痛与缅怀的感情就是千句万句也说不完。但邹韬奋先生只用了一句话，而在这一句话里蕴含着胜过千句万句的内容——既有对当时政治战线、思想战线、文化战线上"不战而屈"的投降派的谴责，又有对鲁迅先生"横眉冷对千夫指"，勇敢战斗，决不屈服的可贵品格的赞颂。"不战而屈"和"战而不屈"，同样四个字的不同组合，成为衡量一个人有没有硬骨头精神的试金石。这极其精练的一句话演讲，巧妙地采用了鲜明的对比，使卑微者更渺小，使高尚者更伟大，尽管只是一句话，却激发了人们奋起抗争的勇气，鼓舞人们以鲁迅先生为榜样，挺身而出，战斗不止。

在民国时期，因为政府对新闻的严格管制，经常会抽掉即将下印刷厂的报纸内容。为了反对这种对自由言论的严重践踏，报纸一度用"开天窗"（即将抽去的文字留白）来表示无声的反对。但后来国民政府连"开天窗"的自由也给剥夺了。有家报纸在一次被抽走一篇文章后，在空白的版面刊了六个大字："今天无话可说！"这六个字既免了"开天窗"之嫌疑，又有力地传达了编者对于言论自由的向往以及对当局的绝望与愤懑。

话不在多，到位就灵

人们常问，如何才能更好地表达出自己真实的思想和感情呢？

如果我们留心那些说话大师，就会发现他们都喜欢而且善于运用简洁明了的语言。语言的精髓，在精而不在多。说话最差的人，往往可能就是那些喋喋不休的人，说了一大堆，也没有说出主旨，还认为自己很棒。事实上，要真正地将自己的话说得让人明白，就必须让自己的语言简练，要能在最短的时间内让对方明白你所说的意思。

美国前总统罗纳德·里根，是美国历史上最长寿的总统。在里根的政治生涯中，留下了很多脍炙人口的精悍之语。1964 年，里根代表戈德华特参加总统竞选发表的全国电视讲话，他说："我们必须捍卫自由，否则自由将离我们而去。"这句话成为当年风靡美国的名言，让里根在政界声名鹊起。1980 年，里根在新罕布什尔州参加总统初选辩论时，有人试图关上他的麦克风，里根当即抗议："布林先生，我正为这个麦克风付钱。"这句话的意思是"我"是候选人，同时也是纳税人，"我"有权力使用麦克风。果然，里根的麦克风没有被关闭。而 1981 年 3 月底，里根遭到枪击后，在急救病房里对妻子南希所说的"亲爱的，我忘了蹲下"，更是让人闻之动容。

林肯曾说：在一场官司的辩论过程中，如果第七点议题是关键所在，我宁愿让对方在前六点占上风，而我在最后的第七点获胜。这一点正是我经常打赢官司的主要原因。这里让我们一起看一下林肯是怎样用他的办法打赢这场著名官司的。

在那个官司审判的最后一天，对方律师整整花了两个小时来总结此案。林肯本来可以针对他所提出的论点加以驳斥，但他并未那样做，而是将论点集中到了关键点上，总共花了不到一分钟的时间。最后，林肯赢得了这场官司。

无论我们平时和什么样的人说话，都要让对方在最短时间内明白自己的意思，要让对方被自己说服，就必须找出问题的关键点。这也叫作"抓住一点，不及其余"。"言不在多，达意则灵"讲话简练有力，便能使人兴味不减。有理不在话多。对于那些高超说话的人，除非万不得已，否则尽量不会与别人周旋绕圈，而是抓住关键，简明干脆地将自己的意思传递出去。

法拉第为了证实"磁能产生电"，在大厅里对着许多宾客表演，只见他转动摇柄，铜盘在磁极间不断地旋转，电流表指针渐渐偏离零位。客人们赞不绝口，只有一位贵妇人不以为意。

贵妇人问："先生，这玩意儿有什么用？"

法拉第回应："夫人，新生的婴儿又有什么用呢？"

人群中爆发出一阵喝彩声。

针对贵妇人取笑式的问话，法拉第来了一个反问。

清代画家郑板桥有诗云："削繁去沉留清瘦，画到生时是熟时。"当今语言大师们认为：言不在多，达意就行。可见，用最少的字句包含尽量多的内容，是讲话时最基本的要求。滔滔不绝、出口成章是一种"水平"，而善于概括、词约旨丰、一语中的同样是一种"水平"，而且更为难得。

父子二人经过五星级饭店门口，看到一辆十分豪华的进口轿车。

儿子不屑地对他的父亲说："坐这种车的人，肚子里一定没有学问！"

父亲则轻描淡写地回答："说这种话的人，口袋里一定没有钱！"

对于儿子的肤浅与偏激，父亲没有简单粗暴地训斥，也没有长篇大论地教育。一句脱口而出、简洁平实的回答，足以让儿子回味无穷。

周勃是西汉的开国功臣。在吕后乱政时，他曾经帮助汉室铲除吕后的势力，迎立汉文帝，可谓功勋卓著。可后来他罢相回到自己的封地后，一些素来忌恨周勃的奸伪小人便趁机向汉文帝诬告周勃图谋造反。汉文帝竟然也相信起来，急忙下令廷尉将周勃逮捕下狱，追查治罪。按汉代当时的法律，凡是图谋造反者，不但本人要处死，而且要诛九族。就在周勃大祸临头的时候，薄太后出来劝文帝说："皇上，周勃要谋反，何必等现在，在您未登基之时，先皇留给你的玉玺都在他手上，那时他还手握重兵，要反早就反了。但是他一心忠于汉室，帮助汉室消灭了企图篡权的吕氏势力，把玉玺交给陛下。现在他已被罢相，回到了自己的封地里居住，怎么反而会在这个时候想起谋反呢？"

汉文帝一听这话，对呀！有道理呀！于是所有的疑虑都没了，并立即下令赦免了周勃。

薄太后的话可谓拨云见日、一箭中的。试想，假设她东拉西扯地找来论据来为"苦主"周勃辩白，固然可以找来很多，但多不如精。太多的论据说来说去都没有让人信服的一条，别人听了会厌烦。就算其中有那么一条两条有说服力，也容易淹没在论据的海洋之中，还不如只挑最有说服力的说，反而更加令人信服。

嘴巴长在你的身上，喋喋不休废话一筐最不可取，滔滔不绝言之有物才能令人钦佩。而有的人，在适当的场合，把自己的意思恰当地浓缩成一句话，拨云见日、一语中的，让人如梦初醒、拍手叫好。

说话过多，适得其反

夜路走多了，自然容易碰上鬼；说话说多了，自然容易嚼到自己的舌头。曾国藩曾说过："人生坏事的两个因素，一是自傲，二是多言。多言生厌，多言招祸，多言致败，多言无益。"

《笑林广记》中有一笑话，可能大家都听说过。说有人在家设宴款待帮助过他的人，一共请了四位客人。将近晌午，还有一人未到，于是自言自语道："该来的怎么还不来？"一听到这话，一位客人心想："主人这么说，那么我是不该来了？"于是起身告辞。主人很后悔自己说错了话，便道："不该走得又走了"，另一位客人心想："难道是说我是该走的了？"也起身告辞。主人因自己说话不周把客人气走了，十分懊悔。妻子也埋怨他不会说话，于是他辩解道："我说的不是他们啊"。最后一位客人一听这话，心想"不是他们！那只能是我了！"，于是叹了口气，也走了。

这则笑话当然有些夸张。将生活中常见的事情进行夸张，是形成笑话的一个重要手法。但笑话归根到底也是如艺术一般，尽管高于生活，但来源于生活。

《鬼谷子·本经符》中有云："言多必有数短之处。"这就是成语"言多必失"的出处。为什么言多必失，我们可以从两个角度来分析这个问题。首先，任何一个人都客观存在一定的语言失误率，从概率的角度来说，"言"的基数越大，失误的绝对数目就会越大；其次，言语过多，难免把时间与精力侧重在说上了，给思考留的时间与精力过少，必然会增加语言的失误率，

我们从小就知道，做人要"知无不言，言无不尽"，意思是知道的就要说，要说就毫无保留地说。但长大后却发现，这句箴

言是有问题的。首先，什么是"知"，是"真知"还是你所"知"？其次，如果什么都"知无不言，言无不尽"的话，人岂不成了一台不知停歇的肉喇叭？再者，无所顾忌的"言"，难免变成伤人的刀。

邻居老张和妻子干架，令老张脸上挂彩。有好事者问你老张伤从何来。你"知无不言"地说明来由，有必要吗？然后还"言无不尽"地传播他们之所以干架的原委，不是多事吗？一句"不太清楚啊"的回答，不是很好。要是好事者继续诱导你："听说是老张妻子发飙……"你装糊涂，一句"是吗？我不清楚"给打发了，不是很好吗？

聪明的人，在非原则问题上懒得作计较，在细小问题上懒得去纠缠，对不便回答的问题佯装不懂，对有损自身的问题假作不知，以理智的闭嘴化险为夷，以聪明地闭嘴平息可能发生的种种矛盾。一个人唯有静下心来，才能集中精力，才能心地空澄，才能明察秋毫，才能多听、多看、多想，才能不鸣则已，一鸣惊人。而且，因为你恰如其分的闭嘴，无疑给别人留下了足够广阔的表演空间，而你则是一个好听众、好观众，这样无疑是会赢得别人的好感与尊重的。

提高综合概括的能力

记得有位作家在领一个文学奖时，应邀发表了这样的即兴演讲："瓜田里有很多瓜，我是一个瓜，并不比别的瓜大、好，只是长在路边上，被人发现了。"

作家将自己比作普通的瓜，被人发现只不过是运气好而已，谦逊、雅致而又幽默。感言简洁，但绝不简单，其含义深刻，让人听后难忘。

一个人要在社交中做到说话简洁却不简单，真正让自己的说话"秀"起来，需要从以下三个方面加强自己。

首先，学会概括。我们在交流思想、介绍情况、陈述观点、发表见解时，为了让对方能够很快了解自己的说话意图，领会要领，往往要使用高度概括、十分凝练的语言，提纲挈领地把问题的本质特征描述出来，以达到一语中的、以少胜多的效果。很多伟人都有这种能力，他们善于把握形势，抓住问题的症结，且能用精准的语言加以概括描述，其作用和影响非同一般。恩格斯曾说："言简意赅的句子，一经了解，就能牢牢记住，变成口号。"难怪毛泽东同志的"星星之火，可以燎原""人不犯我，我不犯人，人若犯我，我必犯人"等名言警句至今仍闪耀着真理的光辉。

其次，学会应急。由于受客观环境的限制，有时容不得你长篇大论，侃侃而谈。例如在战场上、在抢险工地、在各种危急关头，甚至是一对情侣在汽笛拉响的站台前话别，根本来不及去高谈阔论。此时，唯其简明扼要的话语，才能显示其特有的锋芒。反之，在紧急关头作长篇大论，则事与愿违。比如，1812 年英美战争全面爆发前夕，美国政府召开紧急会议讨论对英宣战问题。

会上，一位议员的发言从下午开始一直持续到午夜，发言者竟然不理会会场上许多议员四起的鼾声。结果另一位议员又急又怒，用痰盂向发言者头上掷去，才结束那人的发言。待通过决议时，英国人已经打到了美国人的家门口了。很显然，这种"马拉松式"的发言，超出了听众的心理承受能力，不但无法让人接受，而且因贻误战机所造成的损失更是难以计算。如果说写文章可以"有话则长，无话则短"，那么，在快节奏的今天，说话应该提倡"有话则短，无话则免"的原则。

第三，学会通俗。简洁的语言一般都通俗明快，若要追求辞藻的华丽、句式的工整，则必然显得拖沓冗长。

要使自己的语言简洁凝练，不是一件很容易的事，从"两句三年得，一吟双泪流"、"吟安一个字，捻断数茎须"等名句中，我们似乎揣测到古人追求语言简洁精当的良苦用心。如何使自己的语言达到"少而准""简而丰"，重要的是要培养自己分析问题的能力，要学会透过事物的表面现象，把握住事物的本质特征，同时要善于综合概括。在此基础上形成的语言，才能做到准确而精辟，有力度和魅力。

有条有理，逻辑严密

《战国策》中记载着这样一个故事，姚贾面对韩非的诽谤，用有条有理、逻辑严密的说话逐一辩白，维护了自己的尊严。

燕、赵、吴、楚四国结成联盟，准备攻打秦国。秦王召集了大臣和宾客们商讨对待。秦王说："目前四国已经结成联盟，对秦不利，我国目前正处于财力衰竭的状况，百姓听到这个消息后都纷纷逃到其他国家去了，我们该怎么办呢？"大臣、宾客们都默不作声。姚贾说："我愿意出使四国，破坏他们的阴谋，阻止战争爆发。"

于是，秦王为姚贾准备了百辆车和千两黄金，并且，让他穿着自己的衣服，佩带自己的剑。于是，姚贾辞别秦王，拜访四国。姚贾此次出行，不但阻止了战事发生，还与四国建立了友好的外交关系，秦王对此非常满意，并封他为上卿。

韩非得知此事后，对秦王说："姚贾携带金银珠宝等贵重礼品，出使荆、吴、燕、代等地，长达三年之久，这些国家未必是真心与秦合作。姚贾是想用大王的钱财，私自结交诸侯、权贵，请大王明察。再说，姚贾身份低微，只不过是魏都大梁一个守门人的儿子，曾在魏国有过偷盗的行为，虽然在赵国当过官，但是后来因种种原因被驱逐出境了，这样一个人，怎么能让他参与国家大事呢？"

秦王将姚贾叫来说："我听说你私下里用秦国的财产，去结交各国诸侯、权贵，有这样的事吗？"

姚贾说："有这样的事。"

秦王一听，顿时大怒："那你还有什么面目来见我？"

　　姚贾说："昔日曾参孝敬父母，任何人都希望有这样的儿子；伍子胥尽忠报主，每位诸侯都希望得到这样的臣子；贞女擅长女工，每一位男子都希望娶这样的女子为妻。我对大王忠心耿耿，可大王却不知道，如果我不把珠宝送给那四个国家的诸侯，怎么能让他们归顺秦国呢？大王再想想，如果我对大王不忠，那四个国家的国君又怎么能相信我呢？夏桀因听信谗言，而杀害了忠臣良将关龙逢，纣王因听信谗言，而杀了比干，结果国破身死。现在，大王又听信谗言，以后还会有忠臣为您出力吗？"

　　秦王说："我听说你是魏都大梁一个看门人的儿子，而且有过偷盗行为，虽在赵国做过官，但最后却被赵国驱逐出来了。"

　　姚贾不卑不亢地说："姜太公是一个被老婆驱赶出家门、连猪肉都卖不出去的齐人，在荆津时，即使做劳力都没有人雇佣，可最终却建立了丰功伟业。管仲只不过是齐国边界的一个小商贩，在南阳的时候非常贫穷，在鲁国时曾经被囚禁，最后却帮助齐桓公建立了霸业。百里奚只不过是虞国的一个乞丐，其身价只值五张羊皮，穆公任用他作为宰相，而使西戎各少数民族诚服。文公任用中山国的盗贼，而打了胜仗。这四位贤人，都没有显赫的身世背景，出身也并非高贵，甚至是曾被命运抛弃，可最终却取得了出色的成绩，主要原因是得到了明主的重用。倘若人人都像卞随、务光、申屠狄那样，谁还能心甘情愿为国效命呢？因此，英明的君主是不会计较臣子以往的过失、不会听信他人谗言的，他们只会考验臣子们的能力，然后加以重用。大凡能保住江山社稷的人，不会听信谣言，不会封赏没有功绩的人。这样，臣子们就不敢用虚名欺骗国君了。"

　　秦王说："的确如此。"于是，保留了姚贾的职务。

　　综观姚贾的自我辩白，有条有理、逻辑严密。我们在说理时，也要做到一件一件地来、一条一条地说，切不可东扯葫芦西扯叶，让人听了云里雾里。此外，不管引证了多少事实、典故，多少知识，都要纳入逻辑的轨道，才能具有无可辩驳的说服力。离开了逻辑规则，再生动的事例，再迷人的故事，你的听者都可能无动于衷。我们只有用逻辑的法则，把要表述的思想、事例、典故等材料有机地组织起来，组成很有逻辑性的讲话，才能达到正面说理的目的。

但有一点需要注意，在运用逻辑方法进行说理的时候，不能够讲歪理，说反逻辑，也就是将不正确的说成是正确的。事实胜于雄辩，任何不正确的事情一旦放在光天化日之下，都会露出马脚的。没道理的话听者不服，有道理没有事实，道理无所依托，听者口服而心并不一定服。所以说理时要以事实为基础。大家都有这样的体验，向人讲总结出来的一般原则，与介绍个性化的事例或实践经验相比，人们更容易接受后者。

《一个遗臭万年的日子》是美国第 32 届总统罗斯福的著名演说。全文不到 1000 字，少有带浓厚感情色彩的语言，几乎没有渲染和铺张的话语，列举敌国侵略罪行不用贬词，宣布如此令人愤慨的事件竟不见激昂。演说有分析、有判断、有决定、有抨击、有号召，但所有这些，都建立于陈述事实的基础上。事实是最有说服力的。在这个演说发表的第二天，美国即向全世界宣布——美国同日本处于战争状态。

我们在引用事实进行说理时，要注意事实与观点的一致性，切不可让事实与观点相游离或相违背。列宁指出，没有比胡乱抽出一些个别事实和玩弄实例更站不住脚的。罗列一般例子是毫不费劲的，但这是没有任何意义的，因为在具体的情况下，一切事物都有它个别的情况。这就告诉我们，正面说理引用事实不但要其实，要典型，而且更要具备普遍意义。

如何提高表达能力

谈话总是要有一定目的的，或求人办事，或增进感情，或倾诉烦恼，或表达思想。如果谈话目的不明确，就像茫茫大海中航行失去了灯塔，没有前进的方向，找不到沟通的基点，出现沟通障碍。只有具备了明确的谈话目的，并在社交场合中明确表达出来，才能让双方相互理解、相互信任，表达更通畅。

一般来说，人们进行交谈的目的，不外乎以下五种：

第一，传递信息或知识。如课堂教学、学术报告、现场报道、产品介绍、展览解说等一类的说话，都是要在发言的同时将课程知识、学术成果、事件发展情况、产品功能、展出物品情况等介绍给听众，让他们有一定的了解。

第二，引起他人的注意或兴趣。这样的交谈多是出于社交目的，或为了与人接触，或为了与人沟通，或为了表明自身的存在，或为了取悦于人，如打招呼、应酬、寒暄、提问、拜访、导游、介绍、主持人讲话等。

第三，取得他人的了解和信任。如人们闲谈、叙旧、拉家常、谈恋爱等，往往旨在交流感情、增进相互之间的了解、建立信任关系等。

第四，激励或鼓动他人服从一种思想或做一件事情。如赞美、广告宣传、洽谈、请求、就职演说、鼓动性演讲以及聚会、毕业典礼和各种纪念活动、庆祝活动中的讲话等，这种交谈旨在加强人们现有的观念，坚定信心、振奋精神，有时也要求得到行动上的反应。

第五，说服或劝告他人。如谈判、辩论、批评、谴责、法庭辩护、竞选演说、改革性建议等此类交谈，大多力图改变对方的某种观念或信念，鼓动或阻止对方采取某种行动。

　　坚持话由旨遣的原则，明确说话目的，是说话取得成功的首要条件。有了明确的目的之后，交谈中我们还要善于运用一些语言技巧，从而能够有的放矢、临场应变，使表达更加完美。

　　言语技巧是指巧妙驾驭语言的技术和方式。在与他人交流的过程中，如果想成功地传递信息、表达情感，就少不了言语技巧的运用。

　　叶圣陶先生曾说："讲究技巧最主要的是选择最适当的形式把真情实意表达出来。"可见，言语技巧的关键点，在于语言表达形式的选择要恰当，也就是要看人说话、见机行事，才能完美地传情达意。

　　言语技巧的形成，离不开以下几方面的因素：

　　（1）长久的生活历练和思想、文化修养。

　　（2）对语言文字表达能力的掌握。

　　（3）对当时场合、情境的洞察。

　　在实际运用语言时，只有这三方面因素的共同作用，才能根据实际的情境，实现表达内容与其形式的完美统一。

　　生活的经历和思想文化内涵的培养是语言表达能力的基础。长期的生活经历和高深的文化知识，增长了他们的见识，锻炼了他们的反应能力，为他们的"语不惊人死不休"提供了基础。

　　对语言文字运用的能力其实也来源于运用者的文化修养，但这并不是仅仅有文化就可以做到的，它更需要人的能力，是人学以致用的一种体现。这一点和谈话要对应场合情景是紧密联系密不可分的。

　　显然，所谓的言语技巧，一方面不能把它看成是无往不胜的妙招，但另一方面又应该看到凡称得上成功运用言语技巧的例子，必然都是随情应景、恰到好处地运用语言的结果。

　　长期的经验积累告诉我们，言语技巧之所以逐渐为人们所熟悉并大加推崇，是由于其本身就是具有一定稳定性的表达方式，只要随情应景地加以恰当运用，你的人缘魅力、沟通能力，将大有提升。

关键时刻说关键的话

能言善辩的人，不一定就是讲话滔滔不绝的人，其实在大多数场合中，无视别人感受，只顾自己夸夸其谈的人，并不讨人喜欢。而那些懂语言技巧、说话好、善于表达自己意思的人，他们的话也许不多，但往往都讲在最重要、最关键的时刻，适当的时候一句话就决定了事情的成败。怎样才能在关键时刻说出关键的话呢？这里面有许多的功课要修炼。

语言同文化、社会背景是相承又制约的，即：我们在传递信息的过程中，语言会受到不同社会和文化的影响，因此，要想使语言的运用达到最佳效果，就需要明辨各种社会及其文化对双方的影响。

人与人在进行交谈时，其言行举止都是在一定的社会和文化背景下进行的，这就要求所说的话要符合所谓的文化特色、社会规范或伦理准则。要做到这一点，并不是单纯地避免和克服与特定场合不协调、不适应的情况，更重要的是还要有意识地主动联系社会规范，并选择恰当的表达方式，从而使语言的表达功能达到最佳状态。

一般来说，社会环境、历史背景以及文化特征，往往会使语言具备除本身意义之外的附加意义和功用，从而对人际往来产生重大影响。因此，在使用具有"附加意义"的词语时，务必要特别小心谨慎，不要随意乱用，弄巧成拙。不同的民族有不同的文化特征，而不同的民族语言也是其不同文化特征的表现，因此，运用语言的时候一定要注意文化差异。

比如，谁都会对同事、朋友或邻居说："吃过饭了吗？""早啊，这是去哪儿呀?"人人都知道这是一种亲切的问候和招呼，然而在不同的民族文化里，却可能会引起误解或不快。倘若对欧洲人或美国人说"吃过饭了吗"，对方就会认为你要请他吃饭，当最终被人家发现你只是随口问候一声的时候，人家就会认为你这个人虚情假意、言不由衷，从此对你印象极差。"要多穿些衣服啊，别感冒了。"在我们听来这依然是一种关怀，可倘若你是对美国人说的，他们很可能理解为你是在指使他，会因此对你产生反感。

所以说，在与人交谈的时候，一定要对对方的社会、文化背景多多了解，这样一方面可以避免或克服某种不协调的情况，另一方面还可以有意识地运用其背景加强谈话效果。所谓"知己知彼"，对于谈话人物的了解，将使你充分掌握对方有兴趣的话题并维持说话过程的热络。面对初识者，选择的谈话内容可以从他的自我介绍中获得信息。

以下是一小段的示范：

"大家好，我叫吴铭，能够跟诸位齐聚一堂，我十分荣幸。由于我刚从上海北上，对于这里的环境还不熟悉，请诸位多多关照。"

好了，有了这个自我介绍，你就可以得到以下这些信息作为接下来的话题了。

（1）"我刚从上海北上"——告诉你对方熟悉的环境，这样你就可以把"上海"作为话题的开端，请他谈谈城隍庙的小吃，等等。

（2）"对于这里的环境还不熟悉"——你就可以用"介绍新环境"为话题，然后从彼此更进一步的交谈中得到更多的话题。选择"与对方相关"或是"对方想了解的事物"为话题，是使话题延续的最佳方法。

在这里，我们必须要注意的是如何适合情境。适合情境就是要求语言的运用与所处的环境相契合。事实上，也只有语言和环境相适应的时候，说话才能产生最佳的效果。不然的话，就算话语的意思再好，想要达到预期的目标也会有一定的困难。

古人早就注意这一点了。《战国策·宋卫策》中讲述了这么一则趣事：

一个卫国人迎娶新媳妇。新媳妇刚坐上车，就开口问道："驾车的三匹马是谁家的？"

驾车人答："借来的。"

于是新媳妇就告诉仆人："一定要爱护马，不要鞭打它们。"

车子到了家门口，新媳妇边拜见家人，边吩咐随身的奶妈："赶紧去把灶里的火灭掉，别失火了。"

进屋后，她看见石臼又说："把它搬到窗台下边，放在这儿会妨碍别人走路的。"夫家的人都觉得她十分可笑。

故事中新媳妇的三句话可谓至善之言，可是怎么还会被别人笑话呢？

原因就在于"早晚之时失也"。也就是说她说话的时机不对。她刚刚过门，而且婚礼还在进行中，居然指使这指使那，这时，即使她的语气很温柔，也免不了让别人觉得好笑。

中国有句俗话："见人说人话，见鬼说鬼话。"这句话告诉我们在说话时要根据谈话对象的不同适时适地决定谈话的内容。话总是说给别人听的，至于说得好坏、是否有好说话，不仅要看话语是否适当地表达了自己的思想感情，也要看别人是否能够确实理解并乐于接受。

由于文化背景的差异，操不同语言的人在交谈时，往往会在语言的理解上产生很大的不同，在中国一个让人笑得前仰后合的笑话，在国外很可能发现听众对此毫无反应，面无表情，这就是因为文化背景的差异而造成的理解上的差异。

同人交流的时候，首先要注意文化差异，调整自己的言语内容，否则说者的语言意图将无法很好地传达给听者。

有一个中国人到国外旅游，到了一个城市，闲来无事时去游泳，不久就回来了。和他同住一室的一个中国人和一个外国朋友感到很奇怪。他解释道："游泳池里人太多，水太脏。简直就像芝麻酱煮饺子。"这个比喻别致而生动，和他同住一室的那个中国朋友笑了，而那个外国人却丝毫不觉得这个比喻幽默，显出一副茫然不解的神情。原因很简单，他既没有吃过"芝麻酱"也没有见过"煮饺子"。

西方人形容某地人多、拥挤不堪的时候，常说这个地方塞得"像沙丁鱼罐头一样"拥挤不堪。这个比喻有些年纪大的中国人可以理解，但能够欣赏其妙处的并不多，因为现在很少有人真正见过打开的沙丁鱼罐头，也很少有人看到过一个又小又扁的罐头盒里，塞满整整齐齐的几排手指头长的沙丁鱼。

美国前总统卡特曾因说话与情境不符而陷入窘境。

一次，他把助手教给他的笑话全用上了。那时他准备出访盐湖城，他当时正被摩门教信徒授予"本年度家庭男人"称号。秘书为他写了一份讲稿，其中特别注明"加幽默"，于是助手又给他加了三四个笑话，他全用上了。然而，失败的是卡特和他的助手们并没有意识到，摩门教徒一贯教育孩子看待事物不要轻率。他的助手说："我们站在一座圣堂里，在场的大约有两千人。卡特讲笑话时，他们只是瞪着他，呆若木鸡。"

所以说，讲话应注意对象，要区分性别、身份、地位、阅历、文化素养和性格，就是说笑话也一样，不是什么人都可以说幽默的笑话的。一般来说，在熟人、同乡、同学、老同事、老部下之间，可以开开玩笑，说些幽默风趣的话，即使玩笑开得有些过火也无大碍。但倘若是上级、名人、长者、陌生人、女性尤其是妙龄少女、性格忧郁或孤僻的人、对工作或职业不满的人，说话就应该有所顾忌了。

由此可见，说话要想达到理想的效果，除了会说话，还要看说的话是否与当时的环境相吻合、相协调。

语言环境就是指说话时所处的现实环境或具体情况。而构成语言环境的因素又有很多，包括社会环境、自然环境、交际的场合、来往的对象、对话双方的各种相关因素，如身份、职业、经历、思想、性格、处境、心绪，等等。

另外，经过专家的研究，语言环境还可分为内环境和外环境两类，也有专家将其分为主观因素和客观因素两种。

所谓外环境，即指所处的地方、时空和场合；而内环境则是指当时听你说话的人，他的内心是什么状态或情绪如何，这点尤为重要。

第五章　人际交往，要说还要听

认真倾听别人的倾诉体现了一个人谦逊的教养，展现了一个人高尚的素质。而任意打断别人的谈吐则表现出对别人的不尊重，也暴露出自己素养的粗野与低下。

学会倾听是你人生的必修课；学会倾听你才能去伪存真；学会倾听你能给人留下虚怀若谷的印象；学会倾听有益于将知识盛满你的智慧储藏室。"听君一席话，胜读十年书"是对智慧的谈吐者与虚心倾听者的高度赞誉。朋友，你学会倾听了吗？

倾听是一种修养

如何与人真诚沟通、交流？很多人认为，交谈是最好的办法。其实不然，比倾诉更让人倾心的是倾听。多倾听对方的心声，你会发现，原来，倾听才是增进人际关系的润滑油。

倾听是一项技巧，是一种修养，更是一门学问。懂得倾听，有时比会说更重要。倾听具有一种神奇的力量，它可以让人获得智慧和尊重，赢得真情和信任。

有句谚语："用十秒钟的时间讲，用十分钟的时间听。"善于倾听，是说话成功的一个要诀。据美国俄亥俄州立大学一些学者的研究，成年人在一天当中，有7%的时间用于交流思想，而在这7%的时间里，有30%用于讲，高达45%的时间用于听。这说明，听在人们的交往中居于非常重要的地位。

在我们的周围，很多人一心只想表现自己，喜欢高谈阔论、夸夸其谈，却不能耐心倾听别人的意见与想法。诚然，他们是能说会道的人，却不是最招人喜欢的人，因为他们不懂得倾听比倾诉更重要。

其实，倾听饱含着很多意义：倾听证明你在乎、尊重别人，倾听证明你不是孤独的，倾听是一种心灵的沟通，只有认真地倾听，才能更好地倾诉，倾听和倾诉是相辅相成、互相依赖的。倾听是倾诉的目标和方向，没有倾听的倾诉就是无源之水。

在人与人的交往中，倾诉是表达自己，倾听是了解别人，达到心灵共鸣。在人与人的沟通中，除了倾诉，我们还应该学会倾听。当一个人高兴的时候，我们要学会倾听，倾听快乐的理由，分享快乐的心情。当一个人悲伤的时候，我们要学会倾听，倾痛苦的缘由，失意的原因，理解倾诉者内心的苦处，表示出怜悯同情之心，淡化悲伤，化解痛苦。当一个人处于工作矛盾、家庭矛盾和邻里矛盾时，倾听矛盾的症结，帮助分析，为其分忧解难……倾听是一种与人为善、心平气和、虚怀若谷的姿态。有了这份姿态，就会多听一些意见，少出几句怨言。

愿意倾听别人，就等于表示自己愿意接纳别人，承认和重视别人。如果你能面带微笑，用一种专注而又迫切的眼光看着他，那会让人感觉你是欣赏他的。在这种氛围里，对方会充分地展现自己。如果你是一个领导，下属向你提建议，即使开始还有点紧张，但你的倾听会使他马上感到放松和自信。所以说，学会倾听，对领导来讲，也是个重要的领导思想和领导方法。县委书记的好榜样焦裕禄，新时期领导干部的楷模郑培民，人们念念不忘他们。为什么？并不是因为他们有翻江倒海的本领，也不是因为他们有经天纬地的才华，而首先在于他们心里装着人民，善于倾听群众的呼声，为人民群众排忧解难。

倾听，在人们生活中如此重要，那么，就让我们重视起来吧。只有这样，我们的生活才会更加和谐舒畅，我们的人生才会到处充满阳光。当然，学会倾听，更要学会鉴别。学会倾听，并非逆来顺受，而是要具体问题具体分析。对那些混淆是非、造谣中伤、无中生有的无聊倾诉，则要给予善意的劝解，必要的话，还要给予严厉的批评，坚决制止。

戴尔·卡耐基曾经说过："当对方尚未言尽时，你说什么都无济于事。"这句话告诉我们，无论是想和他人进行良好的沟通，还是想有力地说服他人，首先我们要学会积极地倾听别人的话语。积极的倾听，是促进理解的金色桥梁，是人际交往的一种艺术，体现了一个人的品德。那么，怎样才能成为一名积极的倾听者呢——

要实现积极的倾听，首先就要做到耐心、专心、虚心。就日常生活中的交谈而言，并非所有的话语都包含着重要的信息，并且我们的思维速度是说话速度的四到五倍，因此，如果在谈话中不能保持足够的耐心，我们的思想就会开小差，注意力就无法集中。要改进聆听技巧的首要方法就是尽可能地消除那些来自内部或外部的干扰。我们必须把注意力完全放在说话者的身上，耐心聆听，才能明白对方说了些什么、没说什么以及对方的话所代表的态度和含义。

其次，当我们在和他人谈话的时候，即使我们还没有开口，我们内心的感觉就可能已经通过肢体语言清清楚楚地表现出来了。因此，运用一些有利的肢体语言，如自然的微笑、得体的坐姿、亲切的眼神、点头或手势等，能够起到促进交流、消除心理隔阂、鼓励交谈者自然而尽情地表达等作用。当然，除了肢体语言以外，话语在积极倾听过程中也发挥着十分重要的作用。可以提出一些诸如"你认为这是关键问题吗？""你的意思是……吗？""你能说得明白一些吗？"之类的问题。这些提问让对方感到你对该话题感兴趣，从而更乐意与你交谈，为你提供更多的信息，有助于你理解问题的各个方面。

俗话说："酒逢知己千杯少，话不投机半句多。"在聆听别人谈话的过程中，要认真揣摩对方要表达的感情和含义，努力理解说话人的内心世界，这样会加快你和谈话者彼此之间的沟通，帮助你迅速找到能够与谈话者产生精神共鸣的话题和内容。"有动于中，必形于外"，当你内心的感情与倾听对象达到共鸣时，表情会自然而然地随着谈话内容而发生变化，情感上会和对方产生交流，比如当对方在讲笑话或幽默时，你会开怀大笑，更增添了讲话人的兴致；说到紧张之处，你会屏气凝神，让讲话人感受到你的专注。这种积极的情感反馈自然会获得良好的倾听效果。

掌握倾听的技巧

在互联网和其他现代化数字传媒纷纷进入人们的学习、工作、生活的时代背景下，对话、沟通成为人们的趋向性选择。与此同步，思想文化的教育方式也随之由注重单向灌输变为重视双向交流，倾听自然也就成为这种互动交流的必要前提和条件，成为连接双方心绪的桥梁和纽带。也正如此，有许多人必须从以前那种好为人师、"我讲你听"的习惯中走出来，跟上时代的脚步，提高自己倾听的素养和能力，掌握倾听的技巧。而要学会倾听，在当前至少有以下几点是应该给予足够重视和格外留意的。

倾听要耐心

耐心是使诉说和倾听得以进行下去的基本保证。倾听时不能急，急了，常常导致不让人说话；倾听时不能躁，躁了，就会频频打断别人说话；倾听时不能烦，烦了，就会让诉说者顾虑重重、欲言又止。总之，倾听要有耐心，有耐心才能更好地倾听。

耐心是一种态度。倾听的根本问题是态度问题，不是方法问题。毛泽东同志指出："怎样使对方说真话？各个人特点不同，因此，要采取的方法也不同。但是，主要的一点是要和群众做朋友，而不魅做侦察，使人讨厌。"管理者要想听到群众的心声，首先要有尊重人、关心人、平等待人的根本态度，要把群众当成无间亲朋、良师益友。应该认识到耐心倾听群众的呼声是坚持民主作风的体现，是贯彻群众路线的基本前提，而这种态度就表现为面对群众时的满腔热忱，倾听诉说时的认真细致，听到问题时的赞许鼓励，闻知困难时的关注关切。

耐心是一种涵养。管理者从群众中既能听到赞美鼓励，又能听到逆耳之言；既能听到简短汇报，又能听到唠叨长谈；既能听到真知灼见，又能听到风言风语。面对各种声音，管理者需要有海纳百川的气度，要能听得进千言万语。法国著名作家雨果说过："世界上最宽阔的是海洋，比海洋更宽阔的是天空，比天空更宽阔的是人的胸怀。"管理者就应具备宽广的胸怀和容人的素质，要能控制得住自己去耐心倾听不同的声音，要能在听的过程中耐心寻找他人思想的火花。

耐心是一种习惯。秦末，楚汉相争。初始，汉高祖刘邦处于劣势，兵寡势微，屡战屡败，但是他从谏如流，始终愿意耐心听取他人的意见，把倾听意见作为习惯，变成个人风格，终于以弱胜强。而项羽则高傲自大，闭目塞听，仅有一个谋士范增，还不愿用，最终失去了优势，无颜再见江东父老。同样，管理者要为企业建设出谋划策，要为广大群众解决实际问题，需要掌握各方面的情况。面对纷繁复杂的局面，管理者必须把倾听变成自觉行为，内化为良好习惯，形成工作作风，才能耐下心性听取八方来言，才能心平气和听完各种意见，也才会为做好工作打下扎实的基础。

倾听要虚心

因为只有虚怀若谷，才能容纳各种不同意见。倾听，不论听到什么意见——正面的、反面的，料到的、意外的，好听的、难听的，都要"洗耳恭听"。这样，才会收到"知无不言，言无不尽"的奇效。

虚心表现为不自以为是。好为人师，自以为是，不由分说，拒人于千里之外，都是倾听的大敌。管理者在任何时候都不能认为自己有多高明，应该认识到高明是相对的，一个人不可能比一切人高明，也不可能在一切事上都高明，只有虚心听取不同意见，做到耳听八方，才能了解到真实情况，才能为群众所认可。

正如汉代桓宽在《盐铁论》中所讲："多见者博，多闻者智，拒谏者塞，专己者孤。"管理者只有谦虚好学，多听多看，兼听善择，才能视野开阔，知识丰富。否则，自高自傲，夜郎自大，只能导致独断专行，陷于孤立。

虚心表现为不拒绝批评。倾听不只是听好听的话，更要听难听的话，难听的话中有真相、真情、真理。"良药苦口利于病，忠言逆耳利于行"，讲的就是这个道理。唐太宗李世民多次被谏臣魏征尖锐的措辞激得面红耳赤，但他能够虚心纳谏、容人谏言，反而从魏征那里受益匪浅，因此魏征死后他痛哭流涕："以人为镜可以明得失，魏征殁，朕亡一镜矣！"面对批评，人们不仅要能听，还要善听、愿听、爱听。要以"闻过则喜"的胸怀对待批评，做到"言者无罪，闻者足戒"。只有这样，才能听得进逆耳忠言，才会吃得下苦口良药。

虚心表现为不居高临下。倾听是发扬民主、集思广益、融入群众的有效途径，是管理者礼贤下士、平易近人、礼貌待人的直接体现。三国时，刘备不以诸葛亮位卑而轻之，三顾茅庐问天下计，诸葛亮因感"先帝不以臣卑鄙"之恩而"鞠躬尽瘁，死而后已"，成为千古佳话。虽然，人有大小、新老之分，言有长短、轻重之别。但是，管理者应该深知"微言"有大义、"小计"含真情，放下架子、面子倾听群众的声音，就会得到群众的敬重，就会得来群众的肺腑之言，就会赢得群众的支持拥护。

倾听要诚心

心诚则灵。心不诚，如果只是表面上装出倾听的样子，而实际上心不在焉，那么，就不仅听不到真言，还会因此交不到诤友。

倾听要真诚。"人心换人心，五两对半斤"，管理者只有真心诚意地去听群众的声音，群众才会从心里接受你、感谢你、支持你。日本松下公司多年来有一项制度，就是每月发工资时，工资袋里必须有一封总经理给职工的亲笔信。信都写得真诚感人，职工拿到工资袋，不数钱，先看信，还拿给家人看，看到感人处一家人都掉眼泪。正是因为公司这种真诚待人的态度，使得松下员工都尽心敬业、努力工作，也使得松下公司成为世界著名企业。"精诚所至，金石为开"。管理者要想听到真实的话语，必须抱有真诚的态度，做到用心去听，用情去听，而绝不能虚情假意，敷衍了事。

要理解对方。群众向管理者诉说衷肠，多半是因为心里有了解不开的疙瘩或遇到了棘手的问题。因此，倾听时必须要理解诉说者的心情和处境。要由人推己，站在当事人的角度来感知诉说者的困难和心境，理解他们的心情和需要。要通情达理，面对群众的不满之辞和偏激话语，应该理解他们、体谅他们，用自己的诚心来解开群众的心结。要想人所想，对待群众的事情和疾苦，应该急人所急、忧人所忧。只有这样，才能与人交心，大家才不会把你当成外人。

倾听要细心

古人云"天下大事，必作于细"。倾听中，管理者只有心细如发、见微知著，才能敏锐地感知群众的心迹，才能迅速地抓住问题的端倪。

要听清。倾听不是不动脑子地随便听听，而是要集中精力：认真、用心地听。管理者在倾听群众反映情况时不能"心不在焉"或"左耳进右耳出"，更不能还没等对方讲完就"先声夺人""先入为主"。这样，不但听不清群众的话语，而且还会影响群众的情绪，"听"还不如"不听"。要听清话语，必须聚精会神，心无旁骛，自始至终地认真听群众的每句话语。要记清话语，除用笔去记外，还要用脑去记，用心去记，记清群众的情绪态度，记住群众的殷切期望。

要听准。"差之毫厘，谬以千里"，这个道理同样适用于倾听。听不准群众的话语，就弄不清群众的想法，就不会清楚群众的需要，也就会使后面的工作无的放矢，甚至出现偏差。要听准话语，需要心随耳动，切实弄明白群众说的重点是什么、心里的想法是什么、希望达到的目的是什么，尤其对于重要、敏感的话语，应该有意再询问订正一下，确保准确无误。要听准话语，还需要闻百家之言。"兼听则明，偏信则暗"，只有倾听多种声音、征求多种意见，并经过分析辨别、综合衡量后，才能找出最准确的信息。

要听真。"说话听声，敲锣听音"。倾听要辨识，没有辨识怎能听真？管理者要想把准群众的思想脉搏，弄清事物的本来面目，就要会听言下之意、真实之音。人们的经历和环境不同，个性特征、学识、修养和思维方式也会不同。有的人说话直接反映他的真实想法，有的人则常常用反话、气话、怪话等曲折的方式来表现意见倾向。所以，相同的话由不同的人来说，其含义可能是不相同的。因此，管理者倾听时一定要开动脑筋，对听到的话进行具体分析、去伪存真，从而摸清群众的真实想法。

用心倾听，产生共鸣

倾听是搞好人际关系的需要。人有两只耳朵一张嘴，就是为了少说多听。不重视、不善于倾听就是不重视、不善于交流，而交流的一半就是用心倾听对方的谈话。不管你的说话有多好，你的话有多精彩，也要注意听听别人说些什么，看看别人有些什么反应。俗话说得好："会说的不如会听的。"也就是说：只有会听，才能真正会说；只有会听，才能更好地了解对方，促成有效的交流。尤其是和有真才实学的人一起交谈更要多听，不仅要多听，还要会听。所谓"听君一席话，胜读十年书"，大概正是这个意思。

那么，是不是我们什么都不说，只一味地去听呢？当然不是。假如一句话都不说，别人即使不认为你是哑巴，也会认为你对谈话一点兴趣都没有，反应冷漠。这样会使对方觉得尴尬、扫兴，不愿再说下去。到底多说好，还是少说好呢？这就要看交谈的内容和需要了。如果你的话有用，对方也感兴趣，当然可以多说；倘若你的话没有什么实质内容和作用，还是少说为佳。即使你对某个话题颇有兴趣和见解，也不要滔滔不绝，没完没了，更不要打断别人，抢话说，因为那样会招致对方厌烦，甚至破坏整个谈话气氛。

听话也有诀窍。当某人讲话时，有的人目光游离，心不在焉，看表、修指甲、打呵欠、打电话……这些小动作会给人一种轻视谈话者的感觉，让对方觉得你对他不满意，不愿再听下去，这样肯定会妨碍正常有效的交流。当然，所谓注意听也不是死盯着讲话者，而是适当地注视和有所表示。

给讲话人语言暗示，告诉他你在专心地听。对他所说的话感兴趣时，展露一下你的笑容；用"恩、噢"等表示自己确实在听和鼓励对方说下去。或者"明白了""再讲具体一点""然后怎么样了？"注意，每一个暗示都要简短，但这足以使讲话人深受鼓舞。

提出问题。凭着你所提出的问题，让对方知道，你是仔细地在听他说话。而且通过提问，可使谈话更深入地进行下去。如："要如何才能改变这一现状呢？""如果不这样还有其他好的办法吗？"

要巧妙地表达你意见，不要表示出你与对方不合的意见，因为对方希望听的人"听"他说话，或希望听的人能设身处地地为他着想，而不是给他提意见。你可配合对方的证据，提出你自己的意见，比如对方说完话时，你可以重复他说话的某个部分，或某个观点，这不仅证明你在注意他所讲的话，而且可以下列的答话陈述你的意见。如："正如你指出的意见一样""我完全赞成你的看法"。

在忠于对方所讲话题的基础上，引导好话题的走向。无论你多么想把话题转到别的事情上去，达到你和他对话的预期目的，但你还是要等待对方讲完以后，再岔开他的话题。对方也许是一个不善表达的人，不是短话长说，就是说些与主题无关的话题，甚至连陈年往事也牵扯上了。这样的谈话枝叶太多，往往会脱离主题。因此听者须及时予以引导，使谈话重上轨道。这是听者的重要责任，也是听话技巧之一。记住，是引导而不是指导。

要听懂对方的意图，而不仅仅是话语。管理学大师彼得·德鲁克曾经说过："沟通就是倾听对方没有说出来的话。"因此，请细心体会说话人"话里话外"的意思，并且在抓住事实的同时感受他的情绪。

当一个话题告一段落，你要适时引入新的话题。人们喜欢从头到尾安静地听他说话，而且更喜欢被引出新的话题，以便能借机展示自己的价值。你可以试着在别人说话时，适时地加一句："你能不能再谈谈对某个问题的意见呢？"

如果我们把每一次倾听都当作学习的机会。即便谈论的话题一开始显得很无趣，也请紧跟说话人的思路。而在你学习的同时，你也会获得谈话人的好感与尊重。认真按照这些要求去做，你一定会成为一个成功的倾听者，成为一个拥有纵横说话的高手！

弦外之音用心听

俗话说："听话听音。"中国人的特点是含蓄，特别是在特殊的场合里，人们总会根据具体的对象和环境，利用含蓄、讽喻、双关、反语等方法，表达自己的意图。这样就会使表达曲折委婉、话里有话，听话的人若不仔细揣摩，就不能理解说话人的真实含义，只按照字面上的意思来理解，势必会造成曲解。所以我们要细心琢磨别人的话外音，方能知晓对方想表达的真实意思。

张倍源作为公司市场部的员工，时常要对一些新近需要开拓的客户送些礼品来增进客户的关系。有一次，张倍源就碰到了一个很难缠的客户，客户的性情很难把握，不知道该送什么礼物。几经推敲，决定送一瓶香水给对方。谁知对方推辞说："谢谢你的东西，但不太适合我。"眼看生意就要黄了，张倍源很着急。如果客户不喜欢这种礼物，那该怎样知道客户的喜好呢？就在张倍源手足无措的时候，他发现客户手里握着一本关于赛车信息的杂志。张倍源立刻心领神会，选购了一辆赛车模型送给对方，对方果然欣喜地接受了，而这单生意也顺利被搞定了。

张倍源并不知道客户的喜好，但是又不能直接地向客户了解，这就需要他细心地观察。同时客户是送礼物的对象，也不好直接向张倍源说出自己的意图。生活中大量的话由于各种各样的原因，都不便直接讲出，隐晦地表达已是现代人的交往特性。

有一次老板去英国出差，因为甘国强和老板私交甚好，老板就想带他一起去。但是想和老板出差的人很多，为了避免大家觉得自己偏心，老板照规矩召集大家，老板当着大伙的面先问甘国强："你的英语很不错吧？"甘国强当时也没考虑太多，老老实实地回了句："我的英语很差啊。"他刚说出这句话，其他想去的同事就立刻自荐，忙说自己英语水平很不错。事后甘国强觉得自己做了件傻事，只有一个机会的前提下，老板故意先问自己，而且老板和自己私交很好，怎么会不知道自己的英语不好，他还故意问自己的英语是不是不错，很明显是想带自己去的。可惜自己没有明白老板的真实意思，把机会错过了。

作为老板，当然不能明显地偏向某个员工，即使他是关系很"铁"的哥们。老板特意召集大家，又第一个征求甘国强的意思，显然就是要把这个机会给甘国强，甘国强一时没有领会到这层含义，错失了一次良机。每个人的"话外音"其实都有迹可循，多考虑事物的另一面，进行换位思考，事情可能就会变得明朗。记住，凡事都事出有因，"话外音"也不例外。这就要求听者能够听出弦外之音，进而听懂别人说话的真实意图。

某国家要任命新的领导人，各报记者都想探听谁会是新任首相，但此事是秘密决定的，而且参议员都守口如瓶，记者们使尽浑身解数都一无所获。但有一位记者通过一个巧妙的问题就获得了第一手资料。

在议员们结束会议时，这位记者向参议员提出这样一个问题："出任首相的是不是秃子？"当时出任首相的有三名候选人：一个是秃子，一个是满头白发，一个是半秃顶。而最具优势的人正是半秃顶的候选人。这个看似简单的问话，却暗藏玄机，议员听到这个问题后，神色有些犹豫，没有立刻回答，记者巧设问题从这位议员一瞬间的犹豫中推断出最后的答案，因为对方的停顿肯定是在思考：半秃顶是否属于秃子？记者的机智让他获得了独家新闻，给自己的报社带来了丰厚的收入。

从中我们可以看到"话外音"的特征很广泛：一个举动、一个表情都可以成为话外音的一部分。记者巧妙地设置问题，再从参议员的表情的"话外音"中去推断他的真实意思。

当然，作为一种人际沟通方式，理解对方的话外音是很重要的。若你意会不出或意会错别人带有隐含意的语言，轻则会把别人的鼓励当批评，把别人的嘲讽当作"补药"；重则会把错的事认为是对的，对的事反而认为是错误的，从而直接影响你对事物或人的判断。

下面一些情况，往往隐含着说话人的话外之音：对方谈话时语气突然改变时；对方的音调加重时；对方突然停止谈话时；对方故意做出的暗示性的语言和肢体动作时；谈话结束时对方有无特殊的举止；散席前对方的最后几句话……

人的内心思想，有时会在口头上不经意间流露出来，只要我们细心观察就能听出他人的话外音。

听出重点，记在心中

听话不只是听见，更重要的是听懂。对语词、语句、句群以至整个话语的意义的理解与把握，是听话能力的核心。倾听时不仅要用耳，还要用脑，边听边思考接收到的各种语言信息。一定要尽可能迅速地抓住关键词语，只有准确地理解了关键词语，才能正确地理解整体话语的意义。实际上，在快速流逝的语速中，听话人并不是在听声音，而是在听思想。除了对词句的听辨外，还要注意语调、语气、重音、停顿等种种因素。

理解特殊语言环境中的话语含义

在某些特殊的语言环境中，"讨厌"是喜爱的意思，"你太聪明了"则表示否定。

邹忌是战国时期齐国的丞相，位居高位后，即使有错误，也无人敢谏言。

一天，大臣淳于髡来到邹忌的府上，说有一些问题向丞相请教，他说："儿不离母，妻不离夫，这样做对不对？"邹忌说："对极了，所以我们做臣子的不敢离开君王。"淳于髡又问："车轮是圆的，水往下流，对不对？"邹忌又说："完全对，方的不能转动，水不能倒流，我必须顺应民心民情。"淳于髡又说："貂皮破了，不能用狗皮补，对不对？"邹忌说："没错。我绝不能让小人占据高位。"淳于髡说："造车得算准尺寸，弹琴必须定好调，对不对？"邹忌说："对。我一定要严明纪律。"淳于髡说完后站起身，向邹忌行过礼，扬长而去。

学生问淳于髡："您不是说给邹丞相提意见吗？怎么一个字也没沾边呢？"淳于髡笑道："丞相已经完全明白了我的意思，还用明说吗?"

在这个故事里，听话者从字面的话语含义中听懂了说话者内在的含义。这个故事告诉我们，抓住对方的主旨，就能正确地理解对方的意思，并可以高效地解决问题，话语理解力是听说能力的核心，是听话水平高低的重要标志。要提高自己的语言敏感性，善于从发言者的话中，找出他没有明白表示出来的意思，就可以避免造成误解。

学会提炼话语中的关键词

所谓的关键词，指的是描绘具体事实的用词，这些用词透露出重要的信息，同时也显示出对方的兴趣和情绪。透过关键词，可以看出对方喜欢的话题，以及说话者对人的信任。

找出对方话语中的关键词，也可以帮助我们决定如何响应对方的说辞。找出对方话语中的重点，并且把注意力集中在重点上，这样我们才能比较容易地从对方的观点中了解整个问题。只要我们注意力集中，不在细枝末节上纠缠，就不会因为漏掉对方话中的重点或是错过主要的内容，而浪费宝贵的时间，做出错误的判断。

在人际交往中，学会听话语中关键词的作用是非常重要的。心理学研究表明，越是善于倾听他人关键话语的人，与他人关系就越融洽。

达到倾听的最高层次

有学者认为，有效地倾听是可以通过学习获得的。把握谈话中的关键词是倾听过程中的重点，因为，把握好关键词能够让我们获取更多的信息。从而掌握沟通的主动权。根据影响倾听效率的行为特征，我们把倾听分为三种层次，认识自己的倾听行为，并通过学习使自己的倾听层次逐步上升到第三种层次，你就可以成为一名高效率的倾听者，从而不断提高自己的沟通能力和交际能力。

倾听的三个层次具体如下：

层次一：倾听者完全没有注意对方的谈话内容。在这个层次上，倾听者表面上是在听，实际上是在想与对方谈话毫无关联的事情，或者在琢磨自己的辩词。这种层次上的倾听者只对说感兴趣，对对方的话根本不在意，所以这类倾听者容易导致沟通中关系的破裂甚至会出现冲突。

层次二：倾听者只注重字词表面的意思。倾听者在听的过程中，只注重说话人所说的内容，却忽视了语调、身体姿势、手势、面部表情等无声语言。但无声语言往往更能传达说话人的真实意思，所以这一层次的倾听者常常产生误解别人的意思，进而做出错误的举动，影响沟通的顺利进行。另外，倾听者在听的过程中如果只是象征性地点头同意而不询问其真实意思，则会让说话者误认为他的话被理解了，这也会给下面的沟通带来潜在的阻碍。

层次三：倾听者在听的过程中寻找兴趣点，并以此促进沟通的顺利进行。这一层次的倾听者才是一个优秀的倾听者。因为兴趣点是获取新的有用信息的契机，高效率的倾听者则能很好地利用这一点攫取更多有价值的信息，从而掌握谈话的主动权，促进沟通的顺利进行。

处于第三种层次的倾听者善于及时总结已传递的信息，质疑或权衡所听到的话并有意识地注意非语言线索，从而总揽全局。由此可见，倾听的最高境界就是做一个高效的倾听者，及时把握对方话语中的关键词，从而获取更多有价值的信息。

提高自己的倾听水平需要不断地练习。首先加强自己的知识积累，这是理解力的前提。其次，还要能对别人的长篇大论进行简短的总结。另外，我们还可以练习速听，看自己能否瞬间抓住主旨。经过反复的练习，相信我们的倾听技巧会更加娴熟。

认真倾听，以静待动

鬼谷子说过，"正如对事物的考察要经历从今到古、从古回今的过程，对人的试探也要经过多次反复。好比投石问路，不断地收集对方的信息，观察他的反应，特别是要诱导对方多说话，让他情不自禁地说出真情。也可以你先开口说几句简单的话，静听对方的反应。如果对方已进入角色，就随时诘问他，让他打开心扉。说话时最好引述各种实例，让人感到形象具体，以刺激对方的发言欲望。"

别人讲话是处于动态，自己倾听是处于静态。以静待动、以安待哗，对方的气势莫不衰竭，对方的实情莫不透露。以无形的技巧钓有声的语言，如果对方所说与事实相符，那么其人的真情流露。如果一个人对此道熟谙深察，那么他就掌握了打开人心的钥匙。

乔·库尔曼是美国著名金牌寿险推销员，是第一位连任三届美国百万圆桌俱乐部主席的推销员。他成功的秘诀之一就是擅长抛砖引玉性的提问。如客户说"你们这个产品的价格太贵了"，他会说"为什么这样说呢？""还有呢？""然后呢？""除此之外呢？"提问之后马上闭嘴，然后让客户说。

通常客户一开始说出的理由不是真正的理由，抛砖引玉性提问的好处在于你可以挖掘出更多的潜在信息，更加全面地做出正确的判断。而通常当你说出"除此之外"的最后一个提问之后，客户都会沉思一会儿，谨慎地思考之后，就会说出他为什么要拒绝或同意的真正原因。

在沟通中，想要掌握主动权，就要学会抛砖引玉、投石问路，这样才能尽可能多地了解对方的情况，了解对方的最小极限值是多少，并对其需要做出相应的回答，也只有这样才不会使自己处于劣势。

在商业谈判中，当对对方的商业习惯或真实意图不大了解时，通过巧妙地向对方提大量问题，并引导对方做出正面回答，然后得到一些不易获得的资料。关键在于，不陈述自己的观点，让对方多说，从而来摸索、了解对方的意图以及某些实际情况。

有位做服装生意的个体户，当他预测到某一新款式的西装将有很大的销售前景时，便决定购进400件。因此，他便展开了与卖主谈判的较量。为了了解从卖主处批发这批服装的极限价，也就是服装的最低价格，他要求卖主分别对购买40件、400件、4000件乃至40000件进行报价。卖主把价单送来后，眼光敏锐的他立即从中获得了许多有用的信息。由于卖主一般不愿失去一次卖出400件乃至多十倍百倍的大生意，因而在报价时卖主的价格会做相应的下降。

从这种下降趋势之中，他十分容易地就了解到西服的最低价（最小极限值）。在这种知己知彼的情况下，这位个体户以最合理的价格做成了这笔西装交易。

但是，常常套人语言，对方终究会发现自己上当而不再应答，这时，就要以诚挚的语言感动他，作为对他袒露心迹的报答。如果对方的感情随之而动，就加紧引导和控制。自己不断地追问，对方不断地应答，言语具体而又能进行推理，那么大事可定。无论是智者还是愚者，高明的人以此诱导都能得到真情实事。

那么，什么样的"砖"才能引来"玉"呢？该怎么抛出我们的"砖"呢？

当你与一位刚刚认识或不知底细的人交谈时，避免冷场的最佳方法是不停地变换话题，你可以用提出一些问题的方法进行"试探"。一个话题谈不下去时就换到另一个话题，你也可以接过话头，谈谈你最近读过的一篇有趣的文章，或说说你刚刚看过的一部精彩的电影，也可以描述一件你正在做的事情或者正在思考的问题。如果谈话出现了短暂停顿，不要着急，不必无话找话谈，沉默片刻也无妨。谈话是交流，可以是涓涓细流，不必像赛跑那样拼命地冲到终点。

很多时候，一句恰到好处的提问就够了，而许多难忘的谈话也都是由一个问题开始的。

杰克是美国一家煤炭商店的推销员。这家商店生意虽然还算不错，但相邻的那家规模庞大的连锁商店却从来不在杰克的店中进货，而宁愿跑远路到别的煤炭商店去购买。这一情况使杰克百思不得其解，每当他看到连锁商店的运输卡车拉着从别家店中购买的煤炭，从自己的店门口飞奔而过时，他心中便泛起一种说不出的滋味。"这样下去不行！连紧邻的关系都打不通，我怎能算得上一个合格的推销人员？"于是，杰克下定决心，一定要说服连锁商店经理从他们的店中购买煤炭。

一天上午，杰克彬彬有礼地出现在连锁商店总经理的办公室里。"尊敬的总经理先生！"杰克说道，"今天来打搅您并不是为了向您推销我店的煤炭，而是有一件事想请您帮忙，最近我们准备就'连锁商店的普及化将对美国产生什么影响'为题开一个讨论会，我将要在会上发言。你知道，在这一方面，我是个外行。因此，我想向您请教有关这方面的一些知识和情况。因为除了您，我再也想不出其他更合适的、能给我以指点的人了。我想您不会拒绝我的请求吧！"

结果怎样呢？事后，杰克这样说道："原先，我和这位经理约定，只打搅他几分钟。这样，他才勉强同意接待我。结果，我们谈了将近两个小时。这位经理不仅谈了他本人经营连锁商店的经过，对连锁商店在国家商业中的地位与作用的认识，而且还吩咐一位曾写过一本关于连锁商店小册子的部下，送一本他写的书给我；他又亲自打电话给全美连锁商店工会，请他们给我寄一份有关这个问题的讨论记录稿副本。谈话结束后，我起身告辞，这位经理笑容满面地将我送到门口。他祝我在讨论会上的发言能赢得听众，又再三叮嘱我一定要将讨论会的详情告诉他。临别时，他对我说的最后一句话是'从春季开始，请你再来找我。我想本店的用煤由贵店来提供，不知行不行？'"

一个长时间没能解开的死结，被杰克用两小时的谈话就解开了。

由此看来，提问的方法是非常有效的。不必配合不同的环境去找不同的话题，只要你记住"请教"这两个字，就可以马上让对方打开话匣子。

另外，在提问的时候，可以把对方下意识的动作当成打开沉默的话题，这也不失为一个好的办法。假如对方只是一味抽烟，你发现他在熄火柴时有某种习惯，就可以立刻问他："你熄火柴的动作很有趣，轻轻一弹就熄了。"看到对方的咖啡里加两勺半的砂糖，也可发问："对不起，为什么你非要放两勺半砂糖不可……"通常面对这类问话，人们都会热心回答，说不定还会唤起对方的回忆呢。而对较内向、看来羞怯的人，不妨多发问，帮助他把话题延续下去。

我们之所以要运用种种技巧让对方多说，最终目的都是为了获得更多信息，让自己掌握主动权。当大致了解了一个人之后，你就可以顺着对方的心意，做到投其所好，真诚地赞美对方的长处，使对方心情愉悦，拉近双方的距离，消除隔阂。而当一个人很有兴趣地谈到他的专长或他所取得的成绩或他的业务成果时，你适时地提出与之相关的要求，这时，他拒绝你的可能性是最小的，你的要求得到满足的成功率也是最大的。所以当你有求于人时，与其央求他，还不如用赞美的话去婉求他，营造一个合适的氛围，使你的需求最大可能和最大限度地得到满足。

第六章　善用幽默，化解尴尬

爱迪生说："如果你想征服这个世界，就必须使这个世界更有趣！"我们什么时候看到过富有幽默感的人在人际交往中被动过？无论是身处什么样的氛围之中，他们都能以自己高超的幽默技巧腾挪闪打、游刃有余。他们无疑都是具有魅力的人。在人际交往中，幽默的情怀无疑就像湿润的细雨，可以冲淡紧张的气氛，缓解内心的焦虑，缩短彼此间的距离，是胸襟豁达的表现，即使在不愉快中也能沁人心脾、破除尴尬。

幽默给谈话增加调味

　　说话再好，若是没有幽默感，就好比一个园林里楼亭阁榭，有山有水，有草有木，就是没有花。没有花的园林，布局再合理，也少了些灵气与生动；没有幽默的说话，说话再雄辩，同样也少了些灵气与生动。

　　马克·吐温曾经说："让我们努力生活，多给别人一些欢乐。这样，我们死的时候，连殡仪馆的人都会感到惋惜。"无疑，马克·吐温的话既有幽默感，又富有哲理。

　　有人说，笑是两人之间最短的距离。会心一笑，可以拆除心与心之间的戒备；超然一笑，可以化解人与人之间的隔膜；开怀一笑，可以放松身心——这就是幽默谈吐在人际交往中的巨大作用。一个具有幽默感的人，能时时发掘事情有趣的一面，并欣赏生活中轻松的一面，建立起自己独特的风格和幽默的生活态度。这样的人，容易令人想去接近；这样的人，使接近他的人也分享到轻松愉快的气氛，这样的人，更能增添人的光彩，更能丰富我们生活的这个社会，使生活更具魅力，更富艺术。

　　法国作家小仲马有个朋友的剧本上演了，朋友邀小仲马同去观看。小仲马坐在最前面，总是回头数："一个，两个，三个……"

　　"你在干什么？"朋友问。

　　"我在替你数打瞌睡的人。"小仲马风趣地说。

　　后来，小仲马的《茶花女》公演了。他便邀朋友同来看自己剧本的演出。这次，那个朋友也回过头来找打瞌睡的人，好不容易终于也找到了一个，说："今晚也有人打瞌睡呀！"

　　小仲马看了看打瞌睡的人，说："你不认识这个人吗？他是上一次看你的戏睡着的，至今还没醒呢！"

小仲马与朋友之间的幽默是建立在一种真诚的友谊的基础之上的，丢掉虚假的客套更能增进朋友之间的友谊。可见，交朋友要以诚为本。朋友之间要以诚相待，互相关心，互相尊重，互相帮助，互相理解。爱人者人恒爱之，敬人者人恒敬之。关心别人，才会得到别人的关心；尊重别人，才会得到别人的尊重；帮助别人，才会得到别人的帮助；理解别人，才能得到别人的理解。

在家庭生活中，男人常常会因为自己的妻子为赶时髦去购买时装而产生烦恼，免不了一番发泄，但这往往会伤害夫妻情感。如果你是一个有修养的男子，面对这种窘境，即使是批评，也应采取一种幽默的方式，既消弭矛盾，又不伤感情，并给生活增添一份情趣。

妻子："今年春天，不知又流行些什么时装？"

丈夫："和往常一样，只有两种，一种是你不满意的，另一种是我买不起的。"

这位丈夫的幽默，一般通情达理的妻子均能接受，两个人此时都会为之一笑。

人们已经厌倦了腥风血雨，已经厌倦了指桑骂槐，已经厌倦了人与人之间的指责与谩骂。现代生活中的幽默，也就是与人为善，它追求的是人与人之间的和谐发展与完善。麦克阿瑟将军在为儿子所写的祈祷文中，除了求神赐他儿子"在软弱时能自强不屈；在畏惧时能勇敢面对；在失败时能够坚忍不拔；在胜利时又能谦逊温和"之外，还向上帝祈求了一样特殊的礼物——赐给他儿子以"充分的幽默感"。可见，幽默是人生多么值得拥有与追求的馈赠。

西方人对于幽默非常重视，但或许由于文化上的差异，幽默在我国并不太受到人们的重视。据南开大学社会学系的一项调查显示，我们的家庭成员在情感交流中，有六成的妻子认为丈夫少有幽默的情调，有七成的丈夫认为妻子缺乏幽默感，而认为父母毫无幽默细胞的子女接近九成！这一数据显然应该引起我们的重视和警觉。

幽默是一种生活态度，它用机敏和睿智给人们带来快乐。如果你会幽默，那么你是一个幸运的人；如果你不会幽默，那么你至少要会去欣赏幽默。幽默虽然不能代替实际解决问题的科学方法，但在人生纷至而来的困惑中，它会帮你化被动为主动，以轻松的微笑代替沉重的叹息。

巧用幽默，化解矛盾

一位画家大病新愈，消息传到朋友某作家那里。作家连忙邮了一件礼品给画家，以示关心与祝福。画家打开裹了一层又一层纸的礼品，最终露出礼品的真面目：一块普通平凡的石头。在这块石头上，刻着一行字："听到您身体康复的消息，我心头的石头终于落了下来！"画家"哈哈——"大笑，将这块普通平凡的石头视若珍宝。

幽默，其实就是增进友谊的强力黏合剂。

一般情况下，两个要好的朋友善意地捉弄对方的方式较为常见。比如朋友弄了个不伦不类的发型，你可以说："妙哉，此头誉满全球，对外出口，实行三包，欢迎订购。"下面是一段朋友间的幽默对话。

一个男人对一个刚刚相遇的朋友说："我结婚了。"

"那我得祝贺你终于找到了爱的归宿。"

"可是又离婚了。"

"那我就更要祝贺你了，你又重新拥有了一片森林。"

朋友间往往无话不谈，因此能够产生幽默的话题也很多。朋友错把黄鹤楼说成在湖南，你可说："不，在越南！"朋友之间的交谈，有时候会用说大话的方式进行，这种方式也能产生很好的幽默效果。

有两位朋友闲着没事互吹自己的祖先——

一个说："我的家世可以远溯到英格兰的约翰国王。"

"抱歉，"另一个表示歉意说，"我的家谱在大洪水中因来不及搬上挪亚方舟而被冲走了。"

说完之后，两朋友拊掌大笑。

人世间，从来都是锦上添花的多，雪中送炭的少。殊不知锦上的花已经够多的了，多你送的不多，少你送的不少；而雪中送炭却是如此宝贵，哪怕一丁点儿也够人温暖一时，铭记一生。

雪中送炭并非一定要以物质的形式，有时一句安慰的话，甚至一个鼓励的眼神，就可以让人身处寒冬却温暖无比。

我们以安慰病人为例。生病的人最需要安慰，安慰病人也确实有些讲究。说些善意的祝愿："好好休息吧，你不久一定会康复的！"或直接询问病人的详细病状和调治方法，都不能算真正的安慰。那么，怎样才能给病人很好的安慰呢？

某人因工作劳累生了病，卧床不起，他的朋友说："你多么幸运啊，唯愿我也生点病，好让我也能安静地躺在床上消息几天。"类似这种幽默的语言安慰病人的方法，往往会取得良好的效果。

有人去探望一年中因旧病频频复发而第五次住院的老朋友，以自己战胜病魔的经过，作风趣的现身说法：

"这家监狱（医院）我非常熟悉，因为我曾经是这里的'老犯人'，被'关押'在此总共12个月，对这里的各种'监规'了如指掌。我'沉着应战'，毫不气馁。有时，我自己提着输液瓶上厕所，被病友称作是'苏三起解'；有时三五天不吃饭，被医生称作为'绝食抗议'；有时接连几天睡不着觉，就干脆在床上'静坐示威'。300多个日日夜夜，我就这样'七斗八斗'斗过来了。如今我不是已经'刑满释放'了嘛！你尽管是'五进宫'，只要像我这样'不断斗争'，就一定会大获全胜！"

这番话说得老朋友和同室病人都乐了，大家的心情也都轻松起来，老朋友的病也似乎感觉轻了几分。看来，探病时的交谈十分需要幽默，因为被病魔缠身的人格外需要欢快的笑声。

有天早晨，海斯因屋顶漏的水滴在他脸上而急忙下床，踩到地上才发现地毯全浸在水里。房东叫他赶紧去租一台抽水机。海斯冲下楼，准备开车，车子的四个轮胎不知怎的全都没气了。他再跑回楼上打电话，竟遭雷击，差点一命呜呼。等他醒来，再度下楼，车子竟被人偷走了。他知道车子轮胎没气、汽油不够跑不远，就和朋友一起找，总算找到了。傍晚，他穿好礼服准备出门赴宴，木门因浸水膨胀而卡牢，只好大呼小叫，直到有人赶来将门踢开才得以脱困，当他坐进车子，开了不足三里竟遭遇了车祸，于是被人送进医院。

海斯的朋友赶去医院看望他。在听了海斯极度生气的牢骚后，朋友才明白海斯不幸的来龙去脉。朋友笑着说："看来似乎是上帝想在今天整死你，但是却一再失手。你真幸运！"

短短一句话，说得海斯极度兴奋、得意而自豪！

另外，对待朋友的失误，如果用幽默来处理是非，往往会获得更好的效果。如果你用尖刻的指责对待朋友，就可能引起更坏的局面。那位朋友会失去信心，而你会失去对他的信任，也就得不到他的更好合作。反过来，如果你用幽默的语言化解问题，反而可以打开相互了解的渠道。

所以，当对方处理事情出了问题，你就对他笑笑吧。这样，不仅会让你以轻松的心态解决问题，而且能让朋友之间更加和谐相处。

恰到好处的幽默

如果你在餐厅点了一杯啤酒，却赫然发现啤酒中有一只苍蝇，你会怎么办？在你回答之前，让我们看看别人是怎么办的。英国人会以绅士的态度吩咐侍者："请换一杯啤酒，谢谢！"西班牙人不去喝它，留下钞票后不声不响地离开餐厅。日本人令侍者去叫餐厅经理来训斥一番："你们就是这样做生意的吗？"沙特阿拉伯人则会把侍者叫来，把啤酒递给他，然后说："我请你喝杯啤酒。"德国人会拍下照片，并将苍蝇委托权威机构做出细菌化验，以决定是否将餐馆主人告上法庭。美国人则会向侍者说："以后请将啤酒和苍蝇分别置放，由喜欢苍蝇的客人自行将苍蝇放进啤酒里，你觉得怎么样？"美国人的这种处理方式即幽默，又能达到让人接受的目的。

一位顾客在某餐馆就餐。他发现服务员送来的一盘鸡居然缺了两只大腿。他马上问道："上帝！这只鸡连腿也没有，怎么会跑到这儿来呢？"

一位车技不高的小伙子，骑单车时见前边有个过马路的人，连声喊道："别动！别动！"

那人站住了，但还是被他撞倒了。

小伙子扶起不幸的人，连连道歉。那人却幽默地说："原来你刚才叫我别动是为了瞄准呀！"

幽默并不是回避、无视生活中出现的矛盾，而是以幽默的方式展示一种温和的批评。设身处地地想想，在餐厅点的啤酒里有苍蝇，要的鸡全是骨头，走路无辜被骑车人撞倒，你还有心思开个玩笑吗？

这修养，不知要多少年的火候才能修炼出来。由于有了幽默、洒脱的态度，生活中的许多尖锐的矛盾，并不需要大动干戈就能得到解决。

男女朝夕相处，天天锅碗瓢盆，始终举案齐眉、相敬如宾反而是一种不正常的现象，有人戏称之为"冷暴力"。小吵小闹有时反会拉近夫妻间的距离，同时也能使内心的不满得以宣泄，如果再佐之以幽默、机智的调侃，无疑使夫妻双方得到一次心灵的净化，保证了家庭生活的正常运行，请看下面这几对夫妻的幽默故事。

——驾车外出途中，一对夫妻吵了一架，谁都不愿意先开口说话。最后丈夫望着不说话的妻子，指着远处一头驴子说："你不说话，难道和它是亲戚关系吗？"妻子答道："是的，夫妻关系。"

丈夫本来想把不会说话的驴子和不愿说话的妻子拉扯到一起，既调侃了妻子，又打破沉默的气氛。但想不到妻子更加厉害，一句妙语把丈夫的话挡了回去，玩了一个更大的幽默。这样的聪明幽默的夫妻，即使吵架也不会吵得打架上吊。

妻子临睡前的絮絮叨叨总是令老王十分不快。一天夜里，妻子又絮叨了一阵后，又说："家里的窗门都关上了吗？"老王回答："老婆子，除了你的话匣子外，该关的都关了。"

以上两则故事中的夫妻幽默均恰到好处地表达了自己怨而不怒的情绪。有丈夫对妻子缺点的讽刺，但其幽默的答辩均不至于使对方恼羞成怒。如妻子用夫妻关系回敬丈夫也是一头驴，丈夫用巧言指责妻子絮叨，这些幽默的话语听上去自然天成，又诙谐有趣。这些矛盾同样有可能发生在我们每一个家庭之中，有时却往往因为两三句出言不逊的气话而使矛盾激化。

幽默是一种风度

做人要力避树敌，但一个有才能的人是避免不了有或多或少的反对者。正所谓"木秀于林，风必摧之"。如何面对反对者充满敌意的进攻？

有一次，温斯顿·丘吉尔的政治对手阿斯特夫人对他说："温斯顿，如果你是我丈夫，我会把毒药放进你的咖啡里。"

丘吉尔哈哈一笑之后，严肃而又认真地盯着对方的眼睛说："夫人，如果我是你的丈夫，我就会毫不犹豫地把那杯咖啡喝下去。"

阿斯特夫人的进攻是如此咄咄逼人，丘吉尔若不回击未免显出自己的软弱，而回击不慎却可能导致一场毫无水准的"泼妇骂街"。丘吉尔毕竟是丘吉尔，一记顺水推舟的幽默重拳，打得飞扬跋扈的阿斯特夫人满地找牙却无从回手！

民主党候选人约翰·亚当斯在竞选美国总统时，遭到共和党污蔑，说他曾派其竞选伙伴平克尼将军到英国去挑选四个美女做情妇，两个给平克尼，两个留给自己。约翰·亚当斯听后哈哈大笑，马上回击："假如这是真的，那平克尼将军肯定是瞒着我，全都独吞了！"

约翰·亚当斯最后当选，成为美国历史上的第二任总统。亚当斯的胜利当然不应全归功于幽默，但却不能否认幽默魅力的功用。

几乎人人都有遭受冷箭伤害、谣言中伤的经历。放冷箭、造谣言的成本极低，杀伤力却极大。加上"好事不出门，坏事传千里"的传播学原理，一旦处理不当，便会对被诋毁者造成极大的不利局面。试想一下，如果亚当斯听到攻击之后气急败坏、暴跳如雷、脸红脖粗，或辱骂共和党的卑鄙中伤，或对天发誓："若有此等丑闻，天打雷劈！"这样地抓狂，不仅有失一个总统候选人的风度与理智，也有可能陷入无聊无趣又无休止的辩论泥潭之中——何况真理是越辩越明还是越描越"黑"都有待商榷。

在冷箭的包围中、谣言的漩涡里，如何从容脱身，实在是一门大学问。置身此类局面下的人，不妨运用幽默的武器，以四两拨千斤的姿态，或许可以潇洒地把对方打个四脚朝天。

值得注意的是，幽默的用心是爱，而不是恨。林语堂先生说过："幽默之同情，这是幽默与嘲讽之所以不同，而尤其是我热心提倡幽默而不提倡嘲讽之缘故。幽默绝不是板起面孔来专门挑剔人家，专门说俏皮、奚落、挖苦、刻薄人家的话。"

下面，让我们再看一则故事——

有一次，诗人马雅可夫斯基在大会上演讲，他的演讲尖锐、幽默，锋芒毕露，妙趣横生。忽然有人喊道："您讲的笑话我不懂！""您莫非是长颈鹿！"马雅可夫斯基感叹道，"只有长颈鹿才可能星期一浸湿了脚，到星期六才能感觉到呢！"

"我应当提醒你，马雅可夫斯基同志，"一个矮肥子挤到主席台上嚷道，"拿破仑有一句名言：'从伟大到可笑，只有一步之差'！""不错，从伟大到可笑，只有一步之差。"马雅可夫斯基边说边用手指着自己和那个人。

马雅可夫斯基接着开始回答台下递上来的条子上的问题：

"马雅可夫斯基，您今天晚上得了多少钱？""这与您有何相干？您反正是分文不掏的，我还不打算与任何人分哪！"

"您的诗太骇人听闻了，这些诗是短命的，明天就会完蛋，您本人也会被忘却，您不会成为不朽的人。""请您过一千年再来，到那时我们再谈吧！"

"你说应当把沾满'尘土'的传统和习惯从自己身上洗掉，那么您既然需要洗脸，这就是说，您也是肮脏的了。""那么您不洗脸，您就自以为是干净的吗？"

"马雅可夫斯基，您为什么手上戴戒指？这对您很不合适。""照您说，我不应该戴在手上，而应该戴在鼻子上喽！"

"马雅可夫斯基，您的诗不能使人沸腾，不能使人燃烧，不能感染人。""我的诗不是大海，不是火炉，不是鼠疫。"

马雅可夫斯基在别人的攻击与诋毁之下，丝毫不乱阵脚，举起幽默的宝剑将那些四面八方的冷箭干净利落地斩断。

一这就是幽默的力量。它能让一个人面对谩骂、诋毁与侮辱时，毫发不损地保全自己。

我们什么时候看到过富有幽默感的人交流或论辩中被动过？即使是身处完全不容理性讲理的险恶境地，他们也能以自己高超的幽默散打腾挪闪躲、游刃有余。

幽默是社交的润滑剂

有一位身材矮小的男教师走上讲台时，学生们有的面带嘲讽，有的交头接耳暗中取笑。

这位老师扫视了一下大家，然后风趣地说："上帝对我说：'当今人们没有计划，在身高上盲目发展，这将有严重后果。我警告无效，你先去人间做个示范吧。'"

学生们哄然一笑，然后鸦雀无声。很显然，他们都为老师的幽默智慧所折服，忘记了他身材的缺陷。

幽默是社交之中的润滑剂，能使难解的麻纱顺畅解开，还能使激化的矛盾变得缓和，从而避免出现令人难堪的场面，化解双方的对立情绪，使问题更好地解决。

有一位女歌手举办个人演唱会，事前举办方做了大量的宣传，但到了演出的那天晚上，到场的观众不到一半。女歌手没有面露失望的表现，她镇定地走向观众，拿起话筒，面带微笑地说道："我发现这个城市的经济发展迅速，大家手里都很有钱，今天到场的观众朋友每人都买了两三张票。"全场爆发出了热烈的掌声。第二天的许多媒体娱乐版的报道，也纷纷为这位歌手的豁达和幽默叫好，为原本陷入尴尬的女歌手树立了良好的形象。

这位歌手在演唱会上，面对过低的上座率，心里没有遗憾与痛楚是不可能的。心里不舒服，但又必须战胜这种不舒服，以阳光的姿态去把最好的自己献给买票进场的观众。怎么办？唯有借助幽默。幽默是有文化的表现，是痛苦和欢乐交叉点上的产物。一个人不经历痛苦、辛酸，便不会懂得幽默。而假如他没有充足的自信和希望，也不会幽默，他的痛苦与辛酸也就白费了。

　　无独有偶。一位著名的歌手参加一个大型的露天晚会。她在走上舞台时，不慎踢到台阶突然摔倒。面对这种情况，如果什么也不说就起来，就会给全场观众留下不好的印象，但她急中生智，说道："看来走上这个舞台不是一般人都能来的，门槛真高呀！"大家都笑了，她更是保持了自己的风度，巧妙地借幽默摆脱了尴尬。

　　在总统竞选大会上，西奥多·罗斯福演说完后，到回答听众提问的时间了，由他身边的一个主持人帮他念观众递上来条子。在回答了几个选民们关心的问题后，照本宣科的职业习惯让主持人将一张条子上写的两个字原原本本地地大声念出："笨蛋！"

　　主持人的话刚落，连他自己也傻眼了，台下的反对派开始大声起哄。

　　"亲爱的同胞们！"罗斯福镇静地说："我经常收到人们忘记署名的信，但现在我生平第一次接到一封只有署名，但没有内容的信！"

　　罗斯福明知是反对派在搞鬼，用这种无聊的方式漫骂自己。但他并不正面去斥责这种行为，而是用幽默的手段，轻巧地将"笨蛋"的帽子还给了对手，从容地化解了尴尬，控制住了局势。

　　人是情感动物，都有着一方自己的情感天地，可是这块天地没有"篱笆"，经常有外物闯入，恣意践踏，让情感受到伤害，自尊受到打击。特别是人的薄弱环节，如缺点、毛病、难堪等，经常受到别人的侵害、笑话。面薄的人内心就会受到很大的打击，对生活失去信心，但有的人却能应付自如。面对对方的诘难，他自己吹着喇叭，自己擂鼓，把自己夸耀一通，巧妙地渡过难关。这有时不免有些滑稽，因为现实情况与其所吹嘘的反差太强烈，明眼人一下就能看穿，但是，幽默似乎就在其间产生了。

　　萨马林陪着斯图帕科夫大公去围猎，闲谈之中萨马林吹嘘自己说："我小时候也练过骑马射箭。"

大公要他射几箭看看，萨马林再三推辞不肯射，可大公非要看看他射箭的本事。实在没法，萨马林只好张弓搭箭。

他瞄准一只麋鹿，第一箭没有射中，便说："罗曼诺夫亲王就是这样射的。"

他再射第二箭，又没有射中，说："骠骑兵将军也是这样射的。"

第三箭，他射中了，他自豪地说："瞧瞧，这才是我萨马林的箭法。"

萨马林本不善射箭，无意中吹嘘了一下，不料却被大公抓住把柄，非要看他出丑不可。好在萨马林急中生智，把射失的箭都推到别人身上，仿佛自己只是为了做个示范似的，终于射中一箭，才揽到自己身上，并不失实际地再次夸耀一番。靠幽默的帮助，他总算没有当场出洋相。而斯图帕科夫大公也一定知道这家伙在吹牛，但有这么有趣的幽默垫地，谁会去计较那些无伤大雅的事情呢，开怀一笑多好。

掩饰过错不如幽默自嘲

如果说幽默是人头顶上的王冠，那么自嘲就是王冠上镶嵌的明珠。

自嘲也叫自我解嘲，顾名思义就是自己嘲讽自己，自己调侃自己，是主动用针扎破自身气鼓鼓的情绪气球。我们每个人都难免会遇到一些难看的、痛苦的事，如果不知道怎样调节情绪，沉着应对，就容易陷入窘迫的境地，进而让情绪失控方寸大乱。这时，如果采取恰当的自嘲，不但能让自己在心理上得到安慰，同时还能让别人对你有一个新的认识。

美国一位身材肥胖的女士曾经这样自我解嘲："有一次我穿上白色的泳装在大海里游泳，结果引来了俄罗斯的轰炸机，以为发现了美国的军舰。"引得听众哈哈大笑。这种自揭其短、自废武功的话语，使得大家根本就不会认为她的胖是丑，都将注意力集中在她的风趣上。结果，肥胖不再是她的劣势，反而成为她的特点，使她在社交中游刃有余。

自嘲是一个人心境平和的表现。它能制造宽松和谐的交谈气氛，能使自己活得轻松洒脱，使人感到你的可爱和人情味，从而改变对你的看法。

二战期间，美、英、苏三国首脑在德黑兰会谈，气氛非常紧张。丘吉尔是个不拘小节的人。一天开会时，赫鲁晓夫注意到英国外交大臣艾登悄悄递给丘吉尔一张字条，丘吉尔匆匆一瞥，神秘地说："老鹰不会飞出窝的！"并当即将字条放在烟斗上烧了。多年后，赫鲁晓夫访问英国时，好奇地问起了艾登当时究竟写了什么，艾登哈哈大笑，"我当时写的字条说：你的裤子纽扣没扣上。"

在日常生活中，难免会有失礼或难堪的时候，如不知怎样调节情绪，沉着应付，就会陷入窘迫的境地。这时，如采取适当的"自嘲"方法，不但能使自己在心理上得到安慰，而且还能使别人对你有一个新的认识。

在日常生活中，要想办成事，必须得让别人能够记住你。否则，对方连你是谁都不知道，又怎么会帮助你呢？不过，有人纳闷了，如何才能让别人记住自己呢？其实，这透露了一个自信心理：有自信的人，即使长得平淡无奇，他也会以自己别样的特点让别人记住自己；而那些内心自卑的人，只会小声说"你好，我是某某"，如此地打招呼，等到下次见面的时候，你有可能已经被别人遗忘在某个角落了，甚至，压根儿就忘记了你这个人。在交际中有这样一句话："忘记别人可能会尴尬，但不被人记住才是最可悲的。"这句话听上去比较矫情，但实际上，这就是事实。

有一次，小原去拜访一位客户，在拜访之前。他了解到这位客户性格内向，脾气古怪。见面后，为了营造轻松的气氛，小原微笑着打招呼："你好，我是小原，明治保险公司的业务员。"客户情绪似乎很烦躁："哦。对不起，我不需要投保，我向来讨厌保险。"小原继续微笑着说："能告诉我为什么吗？"客户忽然提高了声音，显得很不耐烦："讨厌是不需要任何理由的！"

小原知道客户发飙了，但是，他依旧笑容满面地望着他："听朋友说你在这个行业做得很成功，真羡慕你，如果我能在我的行业也能做到像你这样，那真是一件很棒的事情。"听到这样说，客户的态度稍有好转："我一向讨厌保险推销员，可是你的笑容让我不忍拒绝与你交谈，好吧，说说你的保险吧。"

在接下来的交谈过程中，小原始终带着微笑，客户在不知不觉中也受到了感染，谈到了彼此感兴趣的话题时，两人都大笑了起来。最后，客户微笑着在单上签上了名字，与小原握手道别。

　　小原，这位身高只有1.53米，整体毫无气质和优势可言的保险推销员成功了。或许，有人会说，他是以微笑征服他人的。但是，我要说他是因自信而征服人心的，那一直挂在脸上的微笑来自哪里呢？当然是内心的自信，或许，在旁人看来，小原的长相并不出众，口才也不是最棒的，但是，他就是多了自信。自信，让他时刻面带微笑；自信，让他一次次不厌其烦地介绍自己；自信，让他一次次让客户记住了自己。最后，全世界的人都记住他了。自然而然，他办成了自己想办的事情，他成了世界闻名的推销员。

　　台湾著名节目主持人凌峰曾做过这样一番精彩的自我介绍："在下凌峰，我和文章不太一样，虽然我们都得过金钟奖和最佳男歌星称号，但我是以长得难看而出名的，一般来说，女观众对我的印象不太良好，她们认为我是人比黄花瘦，脸皮比炭球黑。"自嘲而又幽默的介绍方式，令大家耳目一新，自然会给人们留下深刻的印象。

　　凌峰的这一番自我介绍确实精彩，自然能够让所有的观众记住他。这是因为在精彩的介绍背后，是非比寻常的信心满满。很少有人会拿自己不出众的长相开涮，但凌峰就有这样的自信，他自信观众喜欢自己并不是因为长相，而是自己的演技。仅因为这份自信，记住他的人会越来越多。

　　我们发现，凡是善于自嘲的人，多是待人宽厚、与人为善的。他们不会处处与人为难，时时跟他人过不去，更不会无事生非。但是，他们绝不是窝囊废，他们会以他独有的宽容的方式来做出反应，也许带一点嘲讽，当然更少不了自嘲。这样，他往往就具有君子之风度。

注意幽默的分寸

大量事实证明，幽默的魅力并不在于语言的华丽、讲话的流畅，而在于你是否倾注了感情，表达了真诚！最能推销产品的人并不一定是口若悬河的人，而是善于表达真诚的人。当你用得体的话语表达出真诚时，你就赢得了对方的信任，建立起人与人之间的信赖关系，对方也就可能由信赖你这个人而喜欢你说的话，进而喜欢你的产品了。

同理，在背得很熟、讲得最顺畅的演讲中体现出的幽默也算不得是最好的幽默。滔滔不绝、一泻千里的演讲虽然流畅优美，但是如果缺少诚意，那就失去了幽默的吸引力，如同一束没有生命力的绢花，很美丽但不鲜活动人，缺少魅力。因此，发言者首先应想到的是如何把你的真诚注入讲话之中、如何把自己的心意传递给对方。只有当听者感受到你的诚意时，他才会打开心门，接收你讲的内容，彼此之间才能实现沟通和共鸣。

正如白居易所说："感人心者，莫先乎情。"幽默时既以理服人，又以情感人。人是感情动物，语言所负载的信息，除了理性信息外，还有感情信息。这种感情信息，内涵十分丰富。其功能不仅要诉诸人的理智，而且更要打动人的情感。

白居易同时说："功成理定何神速，速在推心置人腹。"这里的推心置腹就是指话语真诚。所谓真，是指不矫揉造作，不言辞虚浮。所谓诚，就是真心真意、不掩盖、真情流露。

林肯和美国上议院议员道格拉斯是竞选中的对手。他们曾在伊里诺斯州进行过一场轰动美国的著名辩论。在这场辩论中，林肯不仅取得了胜利，而且获得了誉满全美的"诚恳的亚伯"的称号，道格拉斯却被听众戏称为"小伟人"。道格拉斯是个阔佬，他为了推销自己，特地租用漂亮的专列，车后安放一尊大炮，每到一站就鸣30响，配以乐队的喧闹，声势之大，为历史之最。并口出狂言："要让林肯这个乡下佬闻闻贵族的气味。"林肯则买票乘车，每到一站就登上朋友们为他预先准备好的马拉车。面对道格拉斯的强大挑战，他以退为进，沉着应战。在一次演讲中，他说道："有人问我有多少财产？我有一个妻子，三个儿子，都是无价之宝。此外，还租有一个办公室，室内有办公桌子一张、椅子三把，墙角还有一个大书架，架上的书值得每个人一读。我本人既穷又瘦，脸蛋很长，不会发福。我实在没有什么可依靠的，唯一可依靠的就是你们。"林肯之真诚首先表现在不讲排场，与选民拉近心距。其次在内容上，贴近常人之心。谁没有妻室儿女？他却称他们是无价之宝。这是情感的认同。租用的办公室，家具少，书架大，迎合了选民们理想中的总统形象：廉洁、勤奋、富有学识。这样的自我介绍，不无幽默，这是形象的心理认同。最后，不把自己当作选民的救星，而把选民当作自己唯一的依靠，予以得体恭维，从而获得心理的亲近认同，通过这些推心置腹的讲话，获得选民的普遍认同，从而一举获胜。

　　此外，还要注意的是要在话语交际过程中，使对方感受到情感的真实，幽默人的话语一定要受到发自内心的充沛的情感支配。作家王潜先生论所谓"零度风格"时告诫我们："幽默人装着对自己所说的话毫无情感，把自己隐藏在幕后，也不理睬听众是谁，不偏不倚，不痛不痒地背诵一些冷冰冰的条条儿，玩弄一些抽象概念，或是罗列一些干巴巴的事实，没有一丝丝的人情味，这只能是掠过空中的一种不明来历去向的声响，所谓'耳边风'，怎能叫人发生兴趣，感动人，说服人呢？"有人说得好："只有被感情支配的人最能使人相信他的情感是真实的，因为人们都具有同样的天然倾向，唯有最真实的生气或忧愁的人，才能激起人们的愤怒和忧郁。"

正当希腊面临马其顿王国的入侵、而有遭受亡国和失去自由危机的时候，希腊著名演说家德摩斯梯尼曾经做过一次著名的演说，他的每一句话，每一个词语都充满着发自内心的极为丰富的爱国主义情感。他热情洋溢地说："即使所有民族同意忍受奴役，就在那个时候，我们也应当为自由而战斗。"从这洋溢着爱国热情的词句中，人们看到了一颗真挚的拳拳之心，因而他的演讲激励了无数的希腊人从聆听演说的广场直接奔赴战场，连向家人作一声道别也认为耗费了时光。他的敌人，马其顿的国王腓力见到这篇演说词，也不由感慨地说："如果我自己听过德摩斯梯尼的演说，连我也要投票赞成他当我的反对者领袖。"瞧，能让对手击节赞叹的演说，这其中蕴含了多么真挚、奔涌的情感——炙热的爱国主义情感从心底的火山喷发，从而产生了惊天动地的力量。

如何提高幽默能力

幽默有时让人感到神秘。有人想学，却无法学会。于是，有些不够幽默的人便认为：我不幽默，是因为我没有幽默的细胞。

幽默细胞是什么呢？毫无疑问，即便用高倍显微镜，也无法看到"幽默细胞"的。这也许能成为幽默非天生的一个论据。下面笔者从人文的视角来分析幽默的构成。

只要我们留心那些幽默感十足的人，就会发现他们的心理素质一般都优于常人，而良好的心理素质也不是天生的，需要后天的锻炼和培养。良好的心理素质首先是需要自信。一个常常为自己的职业、容貌、服饰、年龄等因素而惴惴不安、自惭形秽，如何在适当的场合进行优雅的表演？

安徒生很俭朴，经常戴个老式的帽子在街上行走。有个过路人嘲笑他："你脑袋上边的那个玩意儿是什么？能算是帽子吗？"安徒生干净利落地回敬："你帽子下边的那个玩意儿是什么？能算是脑袋吗？"没有高度的自信，恐怕安徒生早就在他人的取笑中发窘，或者勃然大怒，哪能灵光一现，作一个绝妙的反击？

其次，冷静也是幽默高手的一项心理特质。冷静，是使人们的智慧保持高效和再生的条件。因为只有在头脑冷静的情况下，人们才能迅速认准并抑制引起消极心理的有关因素，同时认准和激发引起消极心理的有关因素。英国首相威尔逊在一次群众大会上演讲时，反对者在下面鼓噪，其中一人高声大骂："狗屎、垃圾！"面对听众可能产生的误解和骚动，威尔逊首相沉稳地报以宽厚的微笑，非常严肃地举起双手表示赞同，说："这位先生说得好，我们一会儿就要讨论你特别感兴趣的脏乱问题了。"捣乱分子顿时哑口无言，听众则报以热烈的掌声。

　　再者，乐观是幽默高手另一项重要素质。俄国著名语言寓言作家克雷洛夫早年生活穷困。他住的是租来的房子，房东要他在房契上写明，一旦失火，烧了房子，他就要赔偿15000卢布。克雷洛夫看了租约，不动声色地在15000后面加了一个零。房东高兴坏了："什么，150000卢布？""是啊！反正一样是赔不起。"克雷洛夫大笑。幽默感的内在构成，是悲感和乐感。悲感，是幽默者的现实感，就是对不协调的现实的正视。乐观，是幽默者对现实的超越感。没有幽默感的人不会积极地看待这个世界，不会乐观地看待自己的生活。当然乐观不是盲目的，而是有所依附，是一种透彻之后的豁达。乐观地看待你的生活，幽默自然而生。

　　良好的心理素质是幽默的根基，幽默的主干是广博的知识。幽默的思维有很强的联想性与跳跃性，如果没有广博的知识，你的思维会有很大的局限。因此，提高自己的幽默水准，需要不断地拓展知识门类和视野，提高对事物的认知能力。

　　风平浪静的水面，投进一块石头，就会一下子发出响声。常规思维的心理，被超常的信息搅扰，也会引起心波荡漾、心潮起伏、心花怒放。奇异、巧妙、荒谬就是这种超常的信息，就是幽默之所以致笑的要因，也是我们学会幽默应把握的要诀。

　　说来说去，幽默其实与人的气质培养类似，而幽默本身也是一种独特的气质。如果你知道一个人良好的气质是如何培养的，也应该知道这个人高超的幽默感是如何拥有的。

第七章　如何通过肢体有效说话

　　有的时候，运用身体语言进行说话，胜过花费大量口舌进行说话。适当运用身体语言，能够使你更善于与人说话，起到"此时无声胜有声"的效果。

说话时正视对方的眼睛

运用眼神，可以使说话更为有效。眼睛是人与人说话中最清楚、最正确的信号，因为它是人身体的焦点。人们通常所说的"眼睛是心灵的窗户""她的眼睛会说话""他的眼神不定"，都是说眼睛对人类行为的巨大作用。与对方保持最直接的说话，除了语言之外就是眼神了。

在倾听别人说话过程中，一定要运用好自己的眼神。要想使对方知道自己在认真听取对方的讲话，你的眼神与对方的眼神一定要保持好联系。对方讲话时，你最好与他的眼神不断地会合，不要东张西望。随便看其他东西听人讲话，说话人一定会感到不高兴。

眼睛盯着一件东西看，这对有些人来说有点困难。但是，如果你正在努力赢得人们的好感，并且想表示你所说的话很认真，这就显得很重要了。例如，当你走进老板的办公室要求他给你提职时，如果你的眼睛紧盯着他，而不是低着头，那么他会更认真地考虑你的请求。当你在单位陈述你的一份商业计划时，如果你用自信的眼神看着周围的人，那么大家就会更加信任你并认可你的计划。

理解了对方的意思时，要表现出领会的眼神；渴望得到对方的讲解时，要表现出诚恳的眼神；对方说到幽默处，表现出喜悦的眼神；对方出现悲伤时，要表现出同情的眼神。耳朵与大脑是语言的接收器，眼睛则是接收后的反应器。听到别人的信息也置若罔闻、呆若木鸡，谈话的双方就无法说话下去，应该及时接受、及时反应，从而吸引住说话人的注意力。

用眼睛和别人说话，不仅表明你很自信，同时也表示你对别人很尊敬。当你发表演说时，眼睛要注视着对方，语气里要带有更多地强调成分，加入更多的感情色彩。如果你的眼睛看着别处或盯着地板，那就说明你对自己所说的话并不确信，或者你说的可能根本就不是事实。例如，当销售人员的眼睛炯炯有神地向客户介绍产品时，眼神中透射出的热情、真诚和执着，往往比口头说明更能让客户信服。充满热情的眼神，还可以增加客户对产品的信心以及对这场推销活动的好感。

俗话说："一个目光表达了1000多句话。"这句话也同样体现在职场中。在工作中，目光中除了能看出上级与下级、权力与依赖的关系外，还能揭示出更多的东西。

上司说话时，不看着你，这是个坏迹象。他想用不重视来惩罚你，说明他不想评价你。上司从上到下看了你一眼，则表明其优势和支配，还意味着自负。上司久久不眨眼盯着你看，表明他想知道更多情况。上司友好地、坦率地看着你，甚至偶尔眨眨眼睛，则表明他同情你，对你评价比较高或他想鼓励你，甚至准备请求你原谅他的过错。上司用锐利的眼光目不转睛地盯着你，则表明他在显示自己的权力和优势。上司只偶尔看你，并且当他的目光与你相遇时马上躲避。这种情形连续发生几次，表明面对你，这位上司缺乏自信心。

眼睛能作为武器来运用，使人胆怯、恐惧。常见的瞳孔语言为，在表示反感和仇恨时，瞳孔缩小，还露出刺人的目光；相反，睁大眼睛则表示具有同情心和怀有极大的兴趣，还表明赞同和好感。

俗话说："眼睛是心灵的窗户。"一个人的眼神往往最能反映一个人的内心。因此，在与客户说话时，不但要学会从客户的眼神中来了解他们的内心，也要学会利用自己的眼神来表达自己的情意。一方面，与客户说话时，要注意看着对方的眼睛，用眼神来与客户进行交流，显示出对他们的尊重。此外，眼神又要用得恰到好处，既不能死盯着对方，又不能让人感觉到不自在，或者使人觉得你的别有用心。

有人对你说话时，眼睛要注视着他；有人发表意见时，你的身体和脸要正对着他。无论我们和周围的人用什么方式交流，也不管表达的内容是什么，我们肯定会对那些用眼神和我们说话的人给予更多的关注和回应。

用微笑架起友谊的桥梁

微笑作为一种特殊而重要的身体语言对于现代商务人士来说非常重要。商务交往中，你的客户可不想看到你愁眉苦脸的样子。相反，如果不时地施以真诚的微笑，就可能感染他，使之愉悦并更愿意与你相处。

当微笑时，眼睛也要"微笑"，否则给人的感觉只能是更糟糕的"皮笑肉不笑"。"一条缝的眼睛"一定是大笑时的结果，而正常状况下至少应该是眼睛微眯，这样会令你的微笑更传神、更亲切。微笑着说"您好""是啊""嗯""我同意"等礼貌用语会让你更有亲和力。微笑要与正确的身体语言相结合，才会相得益彰。你绝不应该在微笑时还表现出一种消极的身体语言。

有微笑面孔的人，就会有希望。因为一个人的笑容就是他传递好意的信使，他的笑容可以照亮所有看到他的人。没有人喜欢帮助那些整天愁容满面的人，更不会信任他们；很多人在社会上站住脚是从微笑开始的，还有很多人在社会上获得了极好的人缘也是从微笑开始的。

任何人都希望自己给别人留下好感，这种好感可以创造出一种轻松愉快的气氛，可以使彼此结成友善的联系。一个人在社会上要靠这种关系才可以立足，而微笑正是打开愉快之门的金钥匙。

如果微笑能够真正地伴随着你生命的整个过程，这会使你超越很多自身的局限，是你的生命自始至终生机勃发。

现实的工作和生活中，一个人对你满面冰霜，横眉冷对；另一个人对你面带笑容，温暖如春，他们同时向你请教一个问题，你更欢迎哪一个？当然是后者，你会毫不犹豫地对他知无不言，言无不尽，问一答十；而对前者，恐怕就恰恰相反了。一个人的面部表情亲切，温和，充满喜气，远比他穿着一套高档，华丽的衣服更吸引人注意，也更容易受人欢迎。

微笑是一种宽容、一种接纳。它缩短了彼此的距离，使人与人之间心灵相通。喜欢微笑着面对他人的人，往往更容易走入对方的天地，难怪人们强调："微笑是成功者的先锋。"

罗曼·罗兰曾说："面部表情是多少世纪培养成功的语言，比嘴里讲得更复杂到千百倍的程度。"在面部表情中，人们最偏爱的就是"微笑"了。我们的生活需要笑容，因为它有益于我们的身心健康；我们的工作更需要笑容，它会满足客户和所有人的希望。

微笑能表达一种良好的精神风貌，是生活的魔力棒。它能给人解除忧虑，带来欢乐。善意的微笑，对覆冰盖雪的角落是一缕和煦的春风，让人感到一股春风送爽的温暖。微笑是美的，因为它表现了许多难以言传的感情。

笑有真有假，真正的微笑是不受控制的，是真的从心里往外、压抑不住的高兴，是一种由衷地感到满足而喜形于色，这样，才能感染对方，从而产生呼应，达到最佳的效果。笑的时机要恰当，并要注意选择笑的场合。该笑的时候笑，不该笑的时候就不能笑，否则会适得其反。比如，欢庆、轻松的气氛中应该笑；悲伤的场面或看望久治不愈的病人时就不该笑。

微笑是通过不出声的笑来传递信息的，不仅是人的外在表现，更是内在精神的反映。只要我们出自真诚、运用得当，就会赢得对方的好感，从而获得意想不到的收获。

微笑不仅能让人驱走心灵的阴霾，还会让人变得友善。

有一次，一位窘困不堪的乞食者将手伸到了屠格涅夫面前。

屠格涅夫找遍身上的每一个角落，什么也没有。于是，他紧紧握住乞者的手，微笑着说："兄弟，很抱歉，今天我忘记带了。"乞讨者眼里荡漾着异样的光芒，感动地说："这个手心，这个微笑，就是周济！"

　　温暖的微笑在人际交往中具有丰富的内涵，是自信的象征，是心理健康的标点，是礼貌的表示，是和睦相处的反映。生动目光的微笑，就像明媚的阳光一样，使人心旷神怡，可以驱散阴云，淡化矛盾，可以化干戈为玉帛。

　　人生的美好就是心情的美好；人生的丰富就是人际关系的丰富。当用发自内心的微笑对待对方时，便主动地掌握了人与人之间真诚交往的尺度。如果可以用微笑开始，用微笑结尾，那微笑的价值是不言而喻的。

　　微笑是零距离人际交往的明信片，架起了彼此间友谊的桥梁，打开了从表面驶向心海的航线，达到了最接近的说话交流方式。

保持适当的距离

人与人之间在面对面的情境中，常因彼此间情感的亲疏不同，而不自觉地保持不同的距离。如果一方企图向对方接近，对方将自觉地后退，仍然维持相当的距离。你可以由此判断，你身边的人对你是否亲近和信任，身边的人之间相互关系如何。

打手机时，肢体语言所包含的信息是最为丰富的。有个短信说得很形象："给上级打电话，声音越讲越小；给下级打电话，声音越讲越大；给情人打电话，声音越讲越远。"旁人从其肢体语言就可以判别电话那头是谁。有的人接电话时下意识地背过身去，是不想让你听见，其实他说的每句话你都能听见。这时，你就要考虑回避，否则你就是不受欢迎的人。

最亲密的友谊和最强烈的憎恨，都是过于亲近的缘故。因此，我们在人际交往中，还需要注意与人保持适当的距离。

保持人与人之间的距离，是一种交际艺术。许多人认为只要不是陌生人，就可以保持一种较为亲近的关系，还有一些人认为，人与人之间还是疏远一些较为妥当，而这些，都不是最佳的相处方法。

人际关系太过亲密，会让人觉得很随便，或认为你缺乏独立生活的能力，凡事都要让别人替你思考，都要与人商量。随后，他们就会认为你是"应声虫"，没有独立的人格与尊严。人际关系太过疏远，又会让人感觉到你的傲慢、离群。有些人还会认为你瞧不起人，不喜欢与他们相处，甚至讨厌他们。

心理学家曾针对人际关系中的亲密与疏远的程度做了一项调查，得出了一个结论：男性之间一般都比较疏远；女性之间喜欢保持亲密关系；异性之间，若有爱慕之意则关系密切，否则一般较为疏远。性格孤僻的人，多与人保持疏远的关系；性格外向的人，多与人保持亲密关系。从社会地位来看，地位高的人之间关系较为疏远，地位低的人关系则较为亲密。

人与人之间，只有保持适当的距离，才会有适当的人际关系，我们在人际交往中，也应时刻注意这个问题。保持适当的距离，真诚地提出自己的意见，彼此会更加欣赏，情谊会更加长久。合理掌握与他人的空间距离，会使我们取得意想不到的交际效果。

在非语言说话中，空间距离可以显示人们相互间的各种不同关系。我们每个人都生活在一个无形的空间范围圈内，这个空间范围圈就是他感到必须与他人保持的间隔范围。它向一个人提供了自由感、安全感和控制感。

在人际交往中，当你无故侵犯或突破另一个人的空间范围圈时，对方就会感到厌烦、不安，甚至引起恼怒。

就一般而言，交往双方的人际关系以及所处情境决定着相互间自我空间的范围。心理学家曾将人际交往中的距离划为四种。

（1）亲密距离

其近范围在约 15 厘米之内，彼此间可能肌肤相触，耳鬓厮磨，以至相互能感受到对方的体温、气味和气息；其远范围在 15～44 厘米之间，身体上的接触可能表现为挽臂执手，或促膝谈心，仍体现出亲密友好的人际关系。

这种距离只限于在情感上联系高度密切的人之间使用。在社交场合，大庭广众之前，两个人（尤其是异性）如此贴近，就不太雅观。在同性别的人之间，往往只限于贴心朋友，彼此十分熟识而随和，可以不拘小节，无话不谈。在异性之间，只限于夫妻和恋人之间。

（2）个人距离

其近范围为46～76厘米之间，正好能相互亲切握手，友好交谈；其远范围是76～122厘米。任何朋友和熟人都可以自由地进入这个空间，陌生人进入这个距离会构成对别人的侵犯。

人际交往中，亲密距离与个人距离通常都是在非正式社交情境中使用，是与熟人交往的空间。在正式社交场合则使用社交距离。

（3）社交距离

这已超出了亲密或熟人的人际关系，而是体现出一种社交性或礼节上的较正式关系。其近范围为1.2～2.1米，一般在工作环境和社交聚会上，人们都保持这种程度的距离；其远范围为2.1～3.7米，表现为一种更加正式的交往关系。公司的经理们常用一个大而宽阔的办公桌，并将来访者的座位放在离桌子一段距离的地方，这样与来访者谈话时就能保持一定的距离。

在社交距离范围内，已经没有直接的身体接触。说话时，也要适当提高声音，需要更充分的目光接触。如果谈话者得不到对方目光的支持，他（她）会有强烈的被忽视、被拒绝的感受。这时，相互间的目光接触已是交谈中不可缺少的感情交流形式了。

（4）公众距离

这是公开演讲时演说者与听众所保持的距离。其近范围为3.7～7.6米，远范围在7.6米之外。人们完全可以对处于空间的其他人装作没看到，不予交往，因为相互之间未必发生一定联系。

在现实生活中，这些距离范围并不是固定的，尤其是个人距离，是由社会规范和交流者的个性习惯所决定的，也就是说，与人们的种族、年龄、个性、文化、性别、地位和心理素质等有关。因此，在说话中应根据不同的对象选择不同的距离。

学会用双耳倾听

最有价值的人，不一定是最能说的人。老天给我们两只耳朵一个嘴巴，本来就是让我们多听少说的。善于倾听，才是成熟的人最基本的素质。

一位美国女作家曾说："说话的最高境界就是静静地倾听。"的确，倾听所表现出的正是一种宽容、谦逊的人格，也展示了对他人的尊重。一个善于倾听的人，必然是一个对他人充满敬意、知道尊重他人的人。这样的人，也是我们愿意与之交往的人。

当你认真倾听客户的谈话时，客户感觉自己被重视，于是，他们便对你产生了亲切感和信任感，感觉你是他们的朋友。所以，正在洽谈的生意成交了，已经发生的纠纷平息了。倾听成为一种润滑剂，能让财富更快地流入你的口袋。

当你倾听别人的倾诉时，给予他贴心的理解和真诚的疏导，他就能振作精神，重新开始奋斗。我们也将因此获得更多的友谊，更多的亲情，更多的爱情，就能更多地了解人生的酸甜苦辣，更多地积累人生的宝贵经验。每个人的生活经历不同，都有值得总结的成功经验，也有值得吸取的失败教训。我们可以从他人的倾诉中警戒自己的言行，避开前进中的荆棘。

只有善于倾听的人，才会从别人失败的经验中不断地吸取经验，加快趋向成功的步伐。对于这样的人，成功路上的艰辛会减少许多。在倾听的过程中，要取别人所长，补自己所短。

有的人认为自己听见了就是在倾听，那是不准确的，因为倾听不是一般意义上的听。听对方说出来的内容，只是常规意义上的听。有效倾听则是要听出对方说话背后的真心，明白说话人的真正思想才是最重要的。

人与人之间都需要说话、交流、协作、共事。一个人善不善于倾听，不仅体现着他的修养水准，还关系到他能否与其他人建立起一种正常和谐的人际关系。

有人说，办公室就是功利社会的缩影。此话虽有失偏颇，但也有一定的道理。

那些没完没了、絮絮叨叨地大说毫无意义的闲话的同事，的确惹人反感，让人头痛。彼此都是低头不见抬头见的同事，所以即使他那无聊的闲话让你痛苦，你也应该忍一下，难得糊涂一把，必要时还应该找机会赞美他几句。

办公室里，向别人倾诉、要别人倾听的，并不全是那种絮絮叨叨的同事。其中，还有和我们关系很好，把我们当作朋友的同事。我们的倾听，能使他们心中充满阳光和爱意，从而有益于双方的友谊。

倾听可以帮助他人减轻心理压力。相信大家都有这样的体会，每当我们遭遇逆境时，总是会有找个朋友一吐为快的想法。科学研究证明，对于焦虑、失望、难过等心情，认真、有效的倾听往往能够在不经意间起到有效缓解的作用。

美国内战初期，当时的总统林肯曾陷入危机四伏的境地，他的心情自然沉重无比。于是，他找来了他的老朋友，向他倾诉自己的心事。当老朋友离开时，林肯的心情已经舒畅多了。因此，当有朋友来找我们倾诉时，我们一定不要拒绝，否则我们很可能会与好友产生隔阂。相反，如果我们能够认真地倾听朋友的心事，并尽力帮助他们，那么彼此之间的感情无疑会更上一层楼。

那么，倾听是不是就意味着坐在那里听对方说个不停呢？答案无疑是否定的。俗话说："会说的不如会听的。"这里的"会"字，就表示倾听也有技巧。

听人说话时，必须全神贯注、专心致志。只有这样，我们才能够紧跟对方的思路，发现对方的真实想法，从而在交流时做到有的放矢。同样，心不在焉、东张西望的倾听不仅是对他人的不尊重，而且很容易使我们漏掉某些内容，从而造成双方说话障碍，甚至引起他人反感，影响双方的交往。

通常情况下，即使我们对他人的话题不感兴趣，我们也应该出于礼貌洗耳恭听，尤其是对方谈兴正浓时，我们更要耐心地听下去。当然了，如果对方的话题太过无聊，甚至令人难以忍受，我们也可以对其做出暗示。对方如果识趣，也一定会中止话题或改变话题。需要注意的是，在任何情况下，我们都不能流露出厌烦的神色，以免影响双方交往。即使我们不想与对方交往，但这样做起码对我们没有害处。

无论对方说得对错与否，我们都应该在对方说完之后再发表自己的意见，绝对不可以中途插嘴，一吐为快。当对方因为思路中断或知识有限无法继续说下去时，我们还应该适时提醒，以免对方尴尬。与此相反，随意打断他人、任意发表意见或者嘲笑对方都是极为失礼的表现，其结果也只能是引人反感、被人讨厌。

触摸是一种无声的语言

触摸是一种无声的语言，是非语言说话交流的特殊形式，是人际说话中最亲密的动作，包括抚摸、握手、依偎、搀扶、拥抱等。触摸能增进人们的相互关系。它是用以补充语言说话及向他人表示关心、体贴、理解、安慰和支持等情感的一种重要方式。

触摸行为也是一种说话方式，能起到比言语更为有效的效果。

触摸也应得当。它是一种表达非常个体化的行为，其影响因素有性别、社会文化背景、触摸的形式、双方的关系及不同国家民族的礼节规范和交往习惯等。比如，在西方社会中，熟人相见亲吻拥抱是习以为常的事情，但在东方社会中，这种行为方式常被视为不端或有伤风化。因此，在运用触摸时，应保持敏感与谨慎，尊重习俗，注意分寸，尤其是年龄相近的异性间，应避免误会。

身体动作是最容易被觉察到的一种肢体语言，因为身体动作更容易引起人们的注意。比如，一些聋哑人通过自己的手势语言，实现了与人说话。当你躲闪某个事物的时候，可能是感到害怕，或是厌恶；当你拥抱他人的时候，表示你对他人的喜爱、同情或是感激；当你不由自主地拍拍自己的脑袋的时候，往往代表着你有某种自责，或是懊悔情绪。

触摸是人际说话中最有力的方式之一，因为每个人都有被触摸的需要。心理学的研究表明，人们不仅对舒适的触摸感到愉快，而且会对触摸对象产生情感依恋。如果你谈过恋爱，你会发现，你和恋人关系的进步往往取决于身体接触的一瞬间，哪怕是牵手的一瞬间，你们的情感也会发生质的变化。

每一个个体都有被触摸的需要，这是一种本能。婴儿接触温暖、松软物体感到愉快，喜欢拥抱、抚摸。比如，触摸孩子的头、手等能满足他们对爱的需求，可以转移其注意力，能给他们安全感、信任感，消除他们的恐惧心理。

触摸行为，能够传递出各种不同的信息。

（1）传递情绪信息

心理学专家研究发现，触摸能够传送五种不同的情绪：漠不关心、母亲般的照顾、害怕、生气和闹着玩。另一项研究发现，大部分的人在向另一个人致意和说"再见"时，都使用触摸，而长久分别时的触摸（如握手、拥抱等）更为强烈些，使分别更富于情感。一个人触摸另一个人的肩膀，意思就是："不要感觉这个讨论是一种威胁"，或者可能是："这真的很重要"。

（2）传递地位信息

一般来说，主动触摸对方的人往往是地位较高的人，而且两人之间没有障碍和矛盾。所以，在日常交流中，大多是教授、老板、大人主动触摸学生、雇员、小孩。通常，地位低的人往往希望得到地位高的人的触摸。具有支配性个性的人或者企图显示这种支配性的人，往往主动采取触摸行为。

表情语言功效大

表情语言是人的情绪变化的寒暑表，许多心理学家的反复试验，已经无可置辩地证明，人们的情绪变化，往往在面部上都有所表现。

当人们情绪欠佳或心怀不满时，身躯往往宁静不动，脸上表情木然，脸部肌肉动作往下；当人们心情愉快时，往往表现出活泼好动、喜形于色，甚至手舞足蹈，脸上的肌肉动作向上；当人们专心致志地思考某一问题时，往往嘴巴紧闭，身体前倾，眉毛紧锁；当人们在对某一事物表示不以为然和轻蔑时，往往脑袋稍偏，嘴角斜翘，鼻子上挑；当人们感到诧异和吃惊时，往往口张大，眼瞪大，眉挑高……

人的表情语言是人的心理活动的反映，人们往往有什么样的心理活动，就会产生什么样的面部表情。当我们能够灵活、积极地利用各种丰富的表情与人交流时，就会使自己的魅力大增。

日本研究夫妻相貌的专家发现：一些卓有成效的男士面部表情威严、睿智，而他们的妻子却庸俗不堪。这是为什么呢？原因就在于这些男士还是小职员的时候与门当户对不可能多高贵的妻子结婚，但是婚后由于工作需要或者自身完善需要，他们每天大量地接触外来的信息，不停地追求着更高的目标；而他们的妻子却沉溺于小家庭生活，每天围着柴米油盐、锅碗瓢盆、奶瓶尿布转。久而久之，原先较相似的两个人慢慢在气质、性格、才能、智慧等方面距离逐渐拉远了。

在表情语言中，以下两种最为常见：

（1）笑容语

笑容也是一种很重要的体态语言。笑是口语交际活动中的很好的润滑剂，可以迅速缩短交际双方的心理距离，体现人与人之间融洽的关系。在谈话时我们不但要注意笑的作用，还应当力求善于笑。

要注意选择笑的时机、场合、话题，该笑的时候笑，不该笑的时候就不能笑。在欢庆的场合，在轻松的气氛中，在诚恳坦率的交谈中，应该笑；但在谈起不见好转的病情、同去世的同志的家属谈话、说起工作中的重大失误和损失时，就不能面带笑容。

在日常生活的谈话中，笑容主要是根据交谈者的关系、谈话的内容以及谈话者的性格、习惯等自然体现出来的。

笑的方式很多，可取的有微笑、轻笑、大笑等。微笑是一种不露齿的笑容；轻笑表现为上齿露出嘴巴微微张开；大笑则表现为嘴巴张成弧形，上下牙齿都可看见。

在谈话中，一般要以微笑为基调。微笑是一种恰到好处的可控性的笑容，它使人觉得和蔼、可亲、文明，是仪表的一个构成要素。微笑时面部肌肉容易控制，可以较长时间地维持笑容。笑的时候应该自然大方，得体适度。那种咧嘴龇牙的笑、嘻嘻逢迎的笑、挤眉弄眼的笑、忸忸怩怩的笑，都会给人一种不愉快的感觉和不良的印象。

笑容也反映了一个人的文化修养水平。每一个人都需要不断提高文化情操的修养。使笑容反映出美好的心灵。只有发自内心的笑才能感染对方，产生呼应。嘲笑、冷笑、幸灾乐祸的笑都是应该尽量避免的。

（2）目光语

目光是一种更含蓄、更微妙、更有力的语言。确实，眼睛是人体发射信息最主要的器官。目光持续的时间、眼睛的开闭、瞬间的眨眼以及其他许多细小的变化和动作都能发出信息。眼睛传递的信息最丰富、最复杂、最微妙。

合理地运用眼神来与人说话交流，通常有以下三种方式：

①环顾

环顾是指视线有意识地自然流转，观察全场。环顾多用在有较多听话的人的场合。运用环顾可以同所有听话者保持眼睛的接触，使每个听话人都感到你看到了他，你在同他说话，从而增强相互之间的感情联系，提高他们参与谈话的兴致。同时，这种方法还可以使说话人通过多角度的接触，比较全面地了解听众的心理反应，以随时调整自己的话题。当然，环顾要自然适度，速度应适当放慢，不能说话时眼神总是频繁乱转，那样会分散听众的注意力，还会使人感到你心不在焉、目空一切。

②专注

专注是指目光注视着对方，在有较多听众的场合，可把目光较长时间地停在某一个人脸上，然后再变为抽象注视对象。说话人和听话人目光对视可以起到感情和情绪微妙交流的作用，有助于了解对方的心理及其变化。

目光专注还表现出对对方的尊重、对所说内容的重视。不能在说话时随便东瞧西看，做一些无意义的小动作，那样会使人觉得你是心不在焉，敷衍搪塞。不能在说话时总是望着天花板或是看着地面，那样会使人觉得你对谈话没有兴趣，或是小里小气不大方。也不能不断地看表，这样会使对方觉得你对谈话不耐烦，希望他赶快住口。当然，目光专注也不能死盯着对方，对不熟悉的人或年轻妇女更不应如此，那样会被人认为很不礼貌。

③虚视

虚视是指目光似视非视，好像在看着什么地方、什么听众，但实际上什么也没看。这种目光一般适用于同较多的人谈话的场合。虚视的范围一般在听众的中部或后部。虚视可以穿插于环顾、专注之间，用以调整、消除环顾所带来的飘忽感和专注可能带来的呆板感。"视而不见"的虚视还可以消除说话人的紧张心理，帮助说话人集中精神思考讲话的内容。

在运用眼神时，要增强自觉的控制能力，要使眼神的变化有一定的目的，表现一定的内容。热情诚恳的目光使人感到亲切，平静坦诚的目光使人感到稳重，闪耀俏皮的目光使人感到幽默，冷淡虚伪的目光使人不悦，咄咄逼人的目光则使人不寒而栗。

第八章　把握说话的"雷区"

　　正如生活中很多事情都存在一定的禁区一样，说话也存在一些"雷区"。如果我们想要进行有效说话，就要熟悉这些潜在的"雷区"，并巧妙地躲避过去。

不要在他人面前夸耀自我

"争强好胜""不甘人下"是人的本性，要正确发挥他折积极作用，注意把它用在恰当的地方，倘若为鸡毛蒜皮的小事与别人争个你死我活，不想在言语上输给别人，这就违背了争强好胜的真实意义。

一位老师在给学生批改作文时发现，某学生竟然在作文中公然责骂自己，愤怒的情绪顿时充满了老师的胸间，他想找到这位同学，并严厉地批评他一顿。但他转念一想，如果把该学生叫到办公室，声色俱厉地指责一番，未必会起到什么效果，反而会引起学生的反感，还可能激发一场争吵。于是，他找到这位同学后，说："同学，老师知道有时候自己做得不够好，忽略了同学们的感受，不过老师可以肯定地说，这都是为了你们好。以后，老师再有什么地方做得不好，你来告诉老师可以吗？"该学生严肃、戒备的表情顿时缓和了，对老师说："老师的做法虽然是为了学生好，但也要讲究方法，我为我的行为向您道歉。"就这样，交谈气氛一下子放松了许多，一场可能爆发的争吵，就这样被"软话"化解得一干二净了。

与人交谈过程中，无论是在言语上，还是行为上都不要表现出比别人强，否则很容易激发别人的好胜心。一旦这种情况发生了，对方势必会筑起一堵心理防御墙，对你严加防范，这对进一步交流没有任何好处。与人交谈时，如果想让对方敞开心扉与你深入交谈，最好的办法就是让对方产生一种优越感。这一点非常重要。

华盛顿特区有一位名演员，他是出名的花花公子，为他倾心的女性数不胜数，其中一位是这样形容他的："他在女孩子面前总表现出一副弱小无助的模样，说话时很容易触动我的'母性'本能，他经常说：'我真笨，连鞋带都系不好'，每当他这样贬低自己时，我就会凡心大动，不由自主地去接近他。他就是靠这种方法赢得女性的欢心的。"

好胜心人皆有之，若要广结人缘、扩大人际关系，就应该心悦诚服地成全别人的好胜心。否则辛苦建立起来的友谊，就很容易被人们争强好胜的心态所破坏。

生活中存在这样一种现象：很多人都喜欢"人前显贵"。凡事都要与人争个头破血流，分个高低胜负，目的是让别人知道自己的智慧有多高，显示自己是个多么有想法、多么厉害的人。

这种人只要与人搭上话，马上就针锋相对，不管别人说什么，他们总要予以反驳。当你说"是"时，他们一定要说"否"；当你说"否"的时候，他们又会说"是"了。总之，事事都要出风头，时时都想显示自己。实际上，这样的人，并不一定是才华横溢的人，很可能是胸无点墨、脑袋空空、没有主见的人。

这种与人抬杠争风的做法，并不是智者所为。凡事都想抢占上风的人，在与人抬杠时，都摆出一副不把别人逼进死胡同誓不罢休的架势，其下场不用说大家也清楚。

这样的人不知道有没有想过，虽然在口头上赢了对方，但又得到些什么呢？只不过是赢得了一些虚荣心罢了，而付出的代价，却是友谊的破裂与个人形象的毁灭，实在不值得。

与人交谈时，那些喜欢自我表现的人，在别人眼里，只是一个跳梁小丑，难成什么大器，没有人愿意与这样的人打交道。

生活中有些人常常会无理争三分，得理不让人。相反，有些人虽真理在握，却不声不响，得理也让人，显出君子风度。前者往往是生活中的不安定因素，而后者天生就具备一种吸引力，让人们心甘情愿地围绕在他的周围。

　　事实上，人们争论的往往是一些不值一提的小事，因为这些小事，而与人逞强争辩实在没有意义。为了给自己创造一个好的生活及工作环境，聪明人都善于退让，关键时刻充当个"愚者"，不在他人面前显露自己，变主动为被动，这样一来，不但尊重了别人，还赢得了对方的好感，真可谓一举两得，何乐而不为？

分清说话的时机和场合

关于说话，很多人都理解为说话的能力。因为他们总感觉自己笨嘴拙舌，在人前不敢讲话，因此很羡慕那些一开口就滔滔不绝的人。不过，换另一角度，我们可以把说话理解为是一种能够把握何时开口、何时闭嘴的能力，包括掌握什么该说、什么不该说的能力，应该把"才"放在第一位。一个不怎么说话的人也可能是很有说话的人，只要他的每一句话都说得恰到好处；一个嘴时刻不闲着的人也可能是丝毫谈不上有好说话的人。精于说话者，最擅长察言观色。

孔子说："巧言令色，鲜矣仁。"不过，今天跟孔老夫子的那个时代已经有了很大的不同，在这个时代，不巧言令色，不但不能很好地彰显你的仁德，有时反而突显你的不识时务。

说话，并不是开口那么简单，而是应当懂得什么时候说什么话；同时还要为自己说过的话负责。倘若一个人没有真材实料，没有真知灼见，那么他说的话也许能够一时把人吸引，却不可能蒙蔽他人一世。

巧言令色的前提，是胸中有大志。

战国时期，安陵君以其能言善辩成为楚王的宠臣，很受楚王的器重。安陵君之所以能够因说话而取得这样的地位，并不是他一味地谈吐不凡，他真正的成功在于遇事从不立即脱口而出，而是看准了时机才开口说话的。

安陵君的一位朋友叫江乙。一天，他突然问安陵君道："您没有一寸土地，也没有至亲骨肉，却身居高位、享受优厚的俸禄；国人见到您，也纷纷整衣跪拜，等着接受您的号令，为您效劳，这是什么原因呢？"

安陵君答道："这是大王太过抬举我了。"

江乙听后，不无忧虑地说道："用钱财相交的人，交情就会随着钱财的用尽而断绝，就如同靠美色相交的人，一旦美色衰老则会情移。所以美丽女子往往还没等到卧席被磨破，就已遭人遗弃；得宠的臣子也等不到车子被坐坏，便遭驱逐。而今您掌握楚国大权，却无法同大王深交，我私下里实在替您担心，觉得您的处境实在是有些危险。"

安陵君一听，恍然大悟，立刻恭敬地拜问江乙："既然如此，请先生指点迷津。"

江乙说："希望您一定要找个机会跟大王说'愿随大王一起死，以身为大王殉葬'。这样一说，必定能使您的权位长久。"安陵君听后，立刻说："谨听先生教诲。"

然而很长一段时间过去了，安陵君依然没有对楚王说这番话。

江乙急着去见安陵君，说："我告诉您的那些话，为何至今不对楚王说呢？既然您不用我的计谋，我从此不再管了。"

安陵君忙说："先生的教诲，片刻不曾忘却，只是一时找不到合适的机会。"

又过了一段时间，机会终于来了！那天，楚王到云梦泽打猎，一箭射毙一头狂奔的野牛，百官和护卫欢声雷动，齐声赞颂。楚王也高兴极了，说道："今天游猎，寡人何等快活！待寡人千秋之后，谁能和我共有今天的快乐呢？"安陵君一看机会来了，便赶忙走上前去，泪流满面地说："臣从进宫那天起就与大王同共一席，为大王挡蝼蚁，便是臣最大的荣幸。"

楚王一听，非常感动，随即正式设坛封他为安陵君，日后也更加宠信他。

这件事说明，把握说话时机非常重要，这个过程需要有充分的耐心，也需要积极地进行准备，等待条件成熟，但绝不是坐视不动。《淮南子·道应》云："事者应变而动，变生于时，故知时者无常行。"安陵君的过人之处，便在于他有充分的耐心，等待楚王欢欣而又伤感的那个时刻。此时，动情表白，感人肺腑，愉悦君心，终于受封，保住了长久的荣华富贵。

是否敢说又善说，对一个人的生活、事业乃至闲暇娱乐都有着至关重要的作用。生活中，敢说又善说的人，总是很受欢迎。他可以使许多陌路人走到一起，携手共进；可以让许多志趣各异、性格有别的人互相了解，互相交流；可以排解纠纷，消除人与人之间的误会与隔阂；可以令愁眉不展、郁郁寡欢者得到安慰；可以使悲观厌世、不思进取者受到鼓舞；可以使周围的人变得更快乐、更聪明、更美好、更振作有为。

在工作及事业上，善于抓住时机说话的人，能够充分利用自己的语言交际能力来说服他人，从而使工作顺利进行，事业成功在望，人生左右逢源。可以这样说，要想成为成功人士，说话的自信心和说话的魅力不可或缺。

在闲暇娱乐中，敢说又善说的人，能够随时随地给生活增添乐趣。无论是朋友，还是家人，都能从他的谈吐中感受到欢快、轻松、愉悦。甚至会令大家感到比上电影院、歌舞厅还能得到更多的乐趣。

与此同时，我们也总会看到很多不善言辞的人所遇到的难堪、尴尬。他们不会用语言准确完美地表达自己的意愿，让听者听起来也感觉费力劳神，更不要说会使对方产生共鸣或心悦诚服地接受其意见。这就给交际制造了种种困难，从而影响工作和生活，同时也会给自己带来诸多苦恼。

敢说善说的人，总能让人清清楚楚地明白自己的意图，相反，那些胆小又不善言谈者，则经常使人产生误解。敢说又善说的人，总能够很愉快地在各种场合取得成功，而那些不敢说又不善说者，却往往无法在谈话中使人信服，因而总跟失败结缘。由此可见，敢说话并善于说话，能够抓住时机完美表达自己意愿，对我们每个人来说都是非常重要的。

切莫戳别人的痛处

清代明君康熙皇帝，到了晚年头发花白了，牙齿也已松动脱落。这本是人生的自然规律，但他人老心不服老，听到人说他"老"就很不高兴，所以跟随左右的臣子都深知他的心理，特别忌讳说"老"一类的字眼，从不在皇上面前触这个霉头。而康熙皇帝为了显示自己还年轻有活力，常常率领皇后、妃子们去猎苑猎取野兽，在池上钓鱼取乐。

有一次，他率领一群皇妃们去湖上垂钓。不一会儿，钓竿一动，康熙皇帝连忙提起钓竿，只见钩上钓着一只老鳖，心中好不欢喜。谁知刚刚拉出水面，只听"扑通"一声，鳖却脱钩掉到水里跑掉了，康熙长吁短叹连叫可惜。在康熙身边陪同的皇后见状连忙安慰说："看光景这只鳖是老得没有门牙了，所以衔不住钩子了。"

这时，在一旁观看的一个年轻妃子见状忍不住大笑起来，而且笑个不止，简直是笑得直不起腰来。康熙见了不由得龙颜大怒，他认为皇后言者无心，而那妃子则是笑者有意，是在含沙射影，笑他没有牙齿，老而无用了。回宫之后，康熙下了一道谕旨，将那妃子打入冷宫，终身不得复出。到了这个时候，那个年轻的妃子才深深感到后悔了，她叹息着说："因为我不慎笑了一笑，却害了自己守寡一生，这都是我自己不注意带来的恶果啊。"

为什么皇后在说话时明显说到"老"字而康熙皇帝没有怪罪她，而妃子只是笑了一场，康熙皇帝却怪罪她呢？

首先，是康熙的忌讳心理，他不肯认老，更忌讳别人说他老，这种心理实际是反映了老年人的一种普遍的心理状态，由于上了年纪，在体力和精力上都有所下降，但又不肯承认这个现实，而且也希望人们在客观上否认这个现实，故而一旦有人涉及这个话题心理上就承受不了。

其实，由于皇后和妃子与康熙皇帝的感情距离不同。皇后说的话，仔细推敲一下，有显义和隐义的两个意义，显义是字面上的意义，因为康熙皇帝与皇后的感情距离较近，他产生的是积极联想，所以他只是从字面上去理解，知道皇后是一片好心的安慰。妃子虽然没有说话，只是笑了一笑，但她是在皇后说话的基础上笑的，她与康熙皇帝的感情距离比较远，所以让康熙皇帝产生了消极联想：那老鳖老掉牙衔不住钩子，就像你康熙皇帝一样老而无用，连钓起的老鳖也让它逃跑了。这下子深深地伤害了康熙的自尊心。

自然，康熙因妃子笑话他而给出这样的重罚，暴露出了封建帝王的冷酷。但如果是一个正常的人，别人这样笑话你的缺憾，你也会同样不高兴的。人总是有自尊心的，总希望受到别人的尊重，而不希望人们一见面就提自己不愉快的事。没有谁会喜欢别人对自己"哪壶不开提哪壶"的！

人人都不愿意人家触及和谈论自己的憾事、缺点、隐私和使自己感到难堪的事，这也是一般人所共有的心理。因此在生活中与人交往和说话交流时，一定要注意尊重别人，交谈时千万不要提及别人所忌讳的问题，不然就会使人际关系恶化，导致交际的失误。

在生活中这样的失误还真是不少。有位身材比较胖的顾客到服装店里买衣服，她对一件大花图案和横向条纹的上衣感兴趣，售货员劝道："这种大花带横条的衣服适合瘦人穿，你这么胖，再穿上这种衣服，那不难看死了。"售货员是一片好心，但她哪壶不开提哪壶，触及顾客的忌讳了！果然，女顾客气得一句话都没说就走了。

有一个人从小双臂残疾，靠着自己的努力练出用脚指头夹笔写字作画的本领，他的画被选送到国外展出。某天，一位记者在采访他时竟唐突地问："你是靠脚指头成名的，那么我问你，是脚有用还是手有用？"这一问使得那个画家十分恼怒，反问："维纳斯雕像是以断臂出名的，你说她是有胳膊美还是没有胳膊美？"问得那记者瞠目结舌，采访也随之失效。

俗话说得好："矮子面前莫说矮。"别人有生理上的缺陷、家庭上的不幸，或者自己在为人处世方面有短处，心里已经是够痛苦的了，就别再雪上加霜了。碰上这些情况我们都应该加以避讳，不能"哪壶不开提哪壶"，伤害了别人不说，别人不会轻易放过你的，到头来只能是两败俱伤。

人际交往是复杂的，由于种种原因，有时说话还非要涉及别人忌讳的话题不可，在这种情况下，就要讲究语言技巧了。要尽量把话说得委婉、含蓄些，在遣词造句时，要避免那些带有直接刺激感官的字眼，这样就有可能取得比较好的效果。例如同是一位较胖的女顾客去布店买花布做衬衫，在选择大花图案还是几何图案上拿不定主意，女售货员根据顾客的特点，帮她选择了几何图案的花布，并且介绍说："这种大花图案带有扩张感，你穿不太合适。这种几何图案艺术大方，颜色也好，一尺才五角二分，你买七尺就够了，花钱不多做件衬衫穿，能使人显得年轻，瘦溜。"这样顾客听了就很舒服。

切记，在跟别人交谈时，千万不要哪壶不开提哪壶，尽量挑别人喜欢听的话说，就算不小心提到了别人忌讳的东西，也要学会巧妙地转移话题。

讲究避讳能够在人际交往中适应他人，理解他人，尊重他人，尽量避免给别人带来不愉快。这是讲文明、有礼貌、修养好的表现，也是显示你高超说话的一大突出表现。

巧用暗示的说话方式

　　暗示是一种隐蔽的、含蓄的提示，是一种巧妙的说话方式。运用暗示的说话方式，可以将一些不便明说的意思表达出来。

　　美国经济大萧条时期，找到一份工作是很困难的。有位小女孩幸运地在一家高级珠宝店，找到了一份销售珠宝的工作。一天，珠宝店里来了一位衣衫褴褛的青年人，青年满脸悲愁，双眼紧盯着柜台里的那些宝石首饰。

　　这时，电话铃响了，女孩去接电话，一不小心，碰翻了一个碟子，有六枚宝石戒指落到地上。她慌忙拾起其中五枚，但第六枚怎么也找不到。此时，她看到那位青年正惶恐地向门口走去。顿时，她意识到那第六枚戒指在哪儿了。当那青年走到门口时，女孩叫住他，说："对不起，先生！"

　　那青年转过身来，问道："什么事？"

　　女孩看着他抽搐的脸，一声不吭。

　　那青年又补问了一句："什么事？"

　　女孩这才神色黯然地说："先生，这是我的第一份工作，现在找工作很难，是不是？"那位青年很紧张地看了女孩一眼，抽搐的脸才浮出一丝笑意，回答说："是的，的确如此。"

　　女孩说："如果把我换成你，你在这里会干得很不错。"

　　终于，那位青年退了回来，把手伸给她，说："我可以祝福你吗？"

　　女孩也立即伸出手来，两只手握在了一起。女孩仍以十分柔和的声音说："也祝你好运！"

　　青年转身离去了。女孩走向柜台，把手中握着的第六枚戒指，放回了原处。

　　本来，这是一起盗窃案。在通常情况下，大多数人可能会大叫抓偷窃者或者报警。但是，这位女孩却巧妙地运用了暗示，既没惊慌也没声张，却使小偷归还了偷窃物，那小偷也没有当众出丑，体面地改正了自己的错误。假如那女孩大喊大叫，说不定小偷会在情急之下飞快跑了，或偷偷将戒指扔到某个难以寻找的角落。

　　暗示的显著特点是"言此而意彼"，能够诱导对方领会你的话，去寻找那言外之意。从心理学的角度来看，委婉暗示的话，不论是提出自己的看法还是劝说对方，都能维护对方的自尊，使对方容易赞同，接受自己的说法，进而也就达到了沟通的目的。

　　生活中有很多尴尬的事情发生，如果直截了当，可能会让大家陷入难堪的境地。此时，不妨巧妙地旁敲侧击，用暗示的方式来提醒对方。

　　张小姐是王老板的秘书，一次他们去陪几个重要的客户。酒桌上推杯换盏，气氛友好而热烈。突然，张小姐无意中发现刚从洗手间出来的老板忘记了拉裤子的拉链。张小姐连忙迎上还没落座的老板，低声说："王总，您刚才出门是不是忘记关车库门了？"老板一听，这个幽默我在网上看到过啊，难道……忙下意识低头看，好在张小姐早就帮他挡住了客户的视线。老板嘿嘿笑了笑，转身进了洗手间。过会儿出来时，说："哎哟，把手表给忘在洗手台上了，幸亏张小姐眼尖，否则就丢了。"一场尴尬就这样化为无形。

　　暗示最怕的是太"暗"，"暗"到别人很难明白你的真实意思，那就白暗示了。拿上面的轻喜剧来说，车库门忘关代指忘记拉拉链的小幽默，几乎上网的人个个都看到过。因此，秘书的话老板一听就马上能联想到发生了什么事情。而要是秘书直接说：

"老板，你忘记了拉下面的拉链了。"老板当时一定会脸红、不好意思，双方也会有尴尬。而秘书采取暗示的说法，双方都会随和多了。

　　暗示最怕碰上榆木脑袋，你再怎么点拨都不开窍。在《梁山伯与祝英台》中，祝英台不停地暗示再暗示，可憨厚的梁兄就是不开窍，怎么点也点不醒点不透，让看的人急都急死了。但观众急没有用，祝英台急也白搭。最后，悲剧不可避免地出现了。好在那是戏剧，人物与情节的安排要符合剧情的需要，生活中这样榆木的人不多见，要是你有幸碰上了，还是不暗示好。

指桑骂槐要注意场合

"指桑骂槐"是我国古典兵法《三十六计》中的计策。在纵横家的口里，偶尔也会运用这个战术，表面上骂这个人，实际上是骂那个人；表面上说张家的事，实际上讲的是李家的事。

指着槐树骂槐树，称不上高明说话；指着桑树而实际上骂了槐树，才算得上是说话高手。指桑骂槐就是利用一种特殊的语言环境，把词语的针对性转向谈话对方，从而产生不可言说、只可意会的效果。

魏晋时，谢石打算隐居山林，然而父命难违，不得已只好在醒公手下做司马。一次，有人送醒公草药，其中有一种草药叫远志。醒公问谢石："这药又叫作小草，为什么同是一物而有两个名称？"

谢石一时答不上来，郝隆当时在座，应声说道："这很好解释，隐于山林的就叫远志，出山就叫小草了。"

谢石听到此处，满脸愧色。

魏晋时人们崇尚回归自然，并不以官宦为荣，隐居山林，过闲云野鹤似的生活是非常时髦的举动。郝隆这里正是指桑骂槐，表面上是解释草药的名称，实质上是嘲讽谢石。而谢石竟然在这记闷拳之下，即使想反击也无从下手。

指桑骂槐的特点就在于巧妙地利用词语的多义性或双关性等特点来做文章。说话者说出的话语，从字面上的意思看似乎并不是直接针对对方，但话语中却暗含了攻击对方的深层意思，使对方虽有觉察却又抓不住把柄，只好哑巴吃黄连，自认倒霉。

从前，有个盲人被无辜地牵涉到一场官司中，开堂审判时，他对县太爷说："我是一个盲人。"

县官一听，立刻厉声责问："混账！看你好好的一只眼睛，怎么说是盲人？"

盲人接过县官的话："我虽然有眼睛，老爷看小人是清白，小人看老爷却是一团黑的。"

这里，盲人采用的就是指桑骂槐法。他所说的"清白"和"一团黑"，实际上是利用一词多义的现象而造成的一语双关的修辞效果，从而达到了"指桑骂槐"的目的。

指桑骂槐是一个致人内伤的阴招，一般用于恶人身上。此外，非常要好的朋友之间开开无伤大雅的玩笑，也可偶用。一个人如果不分对象地滥用，只怕会落个言辞刻薄的恶名，令人人唯恐避之而不及。这一点大家不可不察。

指桑骂槐大多数时候只是图个口里痛快、心里舒服，但说话高手却能将这一战术指向具体的诉求。

著名国画家张大千先生留有一口长胡子，人称美髯公，他也颇以自己的胡子为荣。可是，在一次吃饭时，有一个好友以他的长胡子为题材，连连不断地开玩笑，言辞逐渐出格。

张大千等朋友说了个七七八八，才不慌不忙地开腔：

"既然你那么喜欢讲胡子的故事，我也来凑一个热闹，讲个有关胡子的故事。刘备在关羽、张飞两弟亡故后，特意兴师伐吴为弟报仇。关羽之子关兴与张飞之子张苞复仇心切，争做先锋。为公平起见，刘备说：'你们分别讲述父亲的战功，谁讲得多，谁就当先锋。'张苞抢先发话：'先父喝断长坂桥，夜战马超，智取瓦口，义释严颜。'关兴口吃，但也不甘落后，说：'先须长数尺，献帝当面称为美髯公，所以先锋一职理当归我。'这时，关公立于云端，听完禁不住大骂道：'不肖子，为父当年斩颜良，诛文丑，过五关，斩六将，单刀赴会，这些光荣的战绩都不讲，光讲你老子的一口胡子又有何用?'"

　　听完张大千讲的这个故事,朋友哈哈大笑,连说"甘拜下风、甘拜下风。"再饭桌上再也不敢提胡子二字——因为一提又会做了张大千的儿子。张大千的指桑骂槐显然有点刻薄,但既然是好友之间,再说也是对方出格在先,似乎这样说说也无可厚非。但在此笔者要重申的是:指桑骂槐乃伤人重器,切不可轻易示人。

不要得理不饶人

道理操之在手，天下虽任你走，但你也不能横着走。否则，有理也会变成无理。春风化雨的态度、敦敦诱导的言辞，比强硬的"讲理"要令人容易接受得多。大部分人一陷身于是非的漩涡，便不由自主地焦躁起来，一旦自己得了"理"便不饶人，咋咋呼呼，穷追不舍，非逼得对方鸣金收兵或竖白旗投降不可。然而，你施加的作用力越大，得到的反弹力也越大。我们自己也一定有这样的经历：其实自己心里也觉得别人说得对，但就是接受不了对方的态度，因此死扛着就是不改。结果沟通的目的没有达到，反而引起了单纯的口角之争，甚至从"嘴力"上升到"武力"，酿成悲剧的事都时有发生。

在一家西餐厅，一位顾客大声叫道："小姐！你过来！你过来！"等服务员来到跟前，该顾客指着面前的杯子，怒气冲冲地说，"看看！你们的牛奶变质结块了，把我一杯红茶都糟蹋了！"

"真对不起！"服务员赔不是地笑道，"我立刻给您换一杯。"新的红茶很快就准备好了，碟边放着新鲜的柠檬和牛乳。小姐轻轻放在顾客面前，又轻声地说："我建议您，如果放柠檬，就不要加牛奶，因为有时候柠檬酸会造成牛奶结块。"

顾客听了，若有所悟，有点尴尬地点了点头，说："谢谢，实在不好意思。"

等那顾客走了，有人笑问服务员："明明是他老土，你为什么不直说呢？他那么粗鲁的叫你，你为什么不还以一点颜色。"

"正因为他粗鲁，所以要用婉转的方式对待；正因为道理一说就明白，所以用不着大声。"

理不直的人，常用气壮来压人，理直的人要用气和来交朋友。"即使是最深刻的言论，如果一个说的时候态度粗暴，傲慢或者吵吵嚷嚷，即便是在辩论上面获得了胜利，在别人心目中也是难以留下好印象的。"著名的人际沟通专家卡耐基这样告诫那些"理直气壮"的人。

除非是事关国计民生之类的大是大非，我们有必要理直气壮外，生活中的事情大多属于一般性的问题，没必要那么剑拔弩张。理直气要和，得理需让人。经常得理不让人的人，经常被人们称之为"刺头"，说明这种人不受欢迎。他们习惯于斤斤计较，和他们打交道很困难，很少人愿意跟他们交朋友，躲得远远地。他们感觉不到自己的问题，原因就在于认为自己占了理，他们最喜欢讲的一句话，就是按照规矩办事。殊不知你有你的规矩，人有人的规矩。什么是规矩并不那么清楚。只有自己的规矩，经常看到的是别人的错。他们的错误之所以难以改正，也正因为自己认为有理。理，本来是疏解矛盾的原则，可是到了得理不让人那里，反而成了矛盾难解的原因。天下本来就没有什么绝对的理，只强调自己的理，反而使得矛盾难以解决。设身处地，寻求双方可以接受的方案，倒可以减少纠纷，增加合作的机会。

《菜根谭》中说："锄奸杜佞，要放他一条生路。若使之一无所容，譬如塞鼠穴者，一切去路都塞尽，则一切好物俱咬破矣。"所谓"狗急跳墙"，将对方紧追不舍的结果，必然招致对方不顾一切地反击，最终吃亏的还是自己。做事如此，说话亦然。

不做无意义的争辩

在社交过程中，每个人都会遇到不同于自己的人，大至思想、观念、为人行事之道不同，小至对某人、某事的看法与评判不一致。这些程度不同的差异可能会转化成人与人之间的争执与辩论，任何独立的，有主见的人都应正视这个问题。

留心我们的周围，争辩几乎无所不在。一场电影、一部小说能引起争辩，一个特殊事件、某个社会问题能引起争辩。甚至，某人的发式与装饰也能引起争辩。而且往往争辩留给我们的印象是不愉快的，因为他的目标指向很明白：每一方都以对方为"敌"，试图以一己的观念强加于彼。

其实，这种辩论不适合个人与个人之间，而如果是用于团体，像辩论会似的，又应另当别论。比方说：由于最近发生的某个社会问题而引起两者间争论，最后，虽然是因为你用某某事件或理论来证明你的意见是正确的，你也通过争论的手段达到了胜利的目的，而他也已哑口无言了，但你却万万不可忽略了这一点，他不一定会放弃他的思想。

因为，他在心里所感觉到的，已经不是谁对与谁错的问题，而是他对于你驳倒他，怀恨在心，因为他的自尊心扫地了。

这样看来，你虽然得到了辩论的胜利，但和那位朋友的友情，却从此一刀两断。比较之下，你会不会觉得，当初真是有欠考虑，仅仅为了辩论的胜利，而得罪了一个朋友——如果那位朋友气量小，说不定他正在伺机报复呢！

有些人在和朋友翻脸之后，明知大错已铸成，也故作不后悔状，还经常这样认为："这样的朋友不要也罢。"其实这样对你又有什么好处？而坏处却很快可以看到，因为和别人结上怨仇，你就少了一位倾吐心事的人。

有一次，刚参加工作不久的甘天鹏去参加朋友的婚礼，席间有一位年轻人在说明新郎与新娘的关系时，用了"青梅竹马"这个成语。但他为了夸耀自己的博学，还念出了这首诗："郎骑竹马来，绕床弄青梅。"不过，这位年轻人却搞错了，他所念的这首诗是唐代诗人李白所写的诗，而他却误以为是宋代女词人李清照所写的诗。

甘天鹏可谓年轻气盛，又认为自己古典文学功底深厚，就毫不客气地当着众人的面，纠正那人的错误。可是不说还好，这样一说，那人反倒更加坚持自己的意见了。

就在甘天鹏和他争论不休时，恰巧甘天鹏看见他的大学老师坐在后面，他的这位老师是专攻唐代文学的博士，于是他和那位年轻人去见他的老师。他们都把各自的论点说完，老师却只是静静地听着，然后在盖着桌布的桌下，用脚轻踢了甘天鹏一下，态度庄重地对他说着："你错了，那位先生说的才对。"

回家的路上，甘天鹏越想越不服气，他不相信老师竟也会忘记这首诗。于是，他一回到家就从书架上找出资料来，第二天连班都不上了，拿着书去学校找老师，要他还自己一个公道。

在教授研究室里，甘天鹏遇上了老师，还没等他把书拿出来，老师就先说了："你昨天说的那首诗是李白写的，一点也没错！"这时，甘天鹏更纳闷了。老师温和地说："你说的一切都对，但我们都是客人，何必在那种场合给人难堪？他并未征求你的意见，只是发表自己的看法，对错根本与你无关，你与他争辩有何益处呢？记住，永远不和别人做无谓的争辩！"

仅争一时的口舌之胜，而全没有实际利益的获取，在经商活动中更是大忌。这种现象我们应该尽一切可能去避免。

在争辩过程中，我们应该清楚以下几个事项：

(1) 这次争辩的意义。如果是一些根本就很不相干的小事情，我们还是避免争论为妙。

(2) 这次争辩的欲望是基于理智还是感情上（虚荣心或表现欲等）？如果是后者，则不必争论下去了。

(3) 对方对自己是否有深刻的成见？如果是的话，自己这样岂不是雪上加霜？

(4) 自己在这次争论当中究竟可以得到什么？究竟又可以证明自己的什么？

心理学家高伯特曾经说过："人们只在不关痛痒的旧事情上才'无伤大雅'地认错。"这句话虽然不胜幽默，但却是事实。由此，也可以证明：愿意承认错误的人是少的——这就是人的本性。

好，现在就让我们姑且认为这次争论是一次积极争论，也就是说，它值得我们去争论。但是在这过程中，我们仍需时时把握住自己。因为在争论中最容易犯的毛病，就是常常自己认为自己的观点才是世界上最正确的，只顾阐述自己的观点，而忽略了要耐心诚意地去听取别人的意见。

这就往往可以使善意的争论变成有针对性的争论。需要强调一下，这种现象是很危险的，也很常见。因为即使最善意的争论，也是由于双方的观点有分歧引起的，所以，在一开始，双方就是站在对立的立场上，对于对方的论点，根本就会采取一种缺乏分析的态度，而一味地表述自己的看法。

这样，争论过程中就难免有情绪激动，面红耳赤，甚至去翻对方的陈年老底。所以，当双方都各执己见，观点无法统一的时候，自己应该会把握自己，把不同的看法先搁下来，等到双方状态较冷静的时候再辨明真伪。也许，等到你们平静的时候，说不定会相顾大笑双方各自的失态呢。

而当你胜利的时候，你也应该表现出自己的大将风度，不应该计较刚才对方对你的态度。争辩是一件事，而交情又是一件事，切切不可混为一谈。但他向你认错的时候，也万万不该再逼下去，以免对方恼羞成怒。

结束后，你也应该顾及对方的面子，可以给对方一支烟或是一杯茶，抑或是向他求索一点小帮忙，这样往往可以令他重返愉快的心理。

人性其实都是脆弱的，易被击垮但也易抚平，关键在于你的一两句话，可以起到平衡心理的作用。

感情是人的优点，但同时也是弱点，利用这种优点，去进行应酬，往往可达到事半功倍的效果。不信，你可以试一下。

如何委婉地说"不"

不愿意听到别人的反对与拒绝，这是人之常情。说话高手们总结出一些让别人高兴地、顺利地、心悦诚服地接受"不"的技巧。

日本明治时代的大文豪岛崎藤村被一个陌生人委托写某本书的序文，几经思考后，他写下了这封拒绝的回函。

"关于阁下来函所照会之事，在我目前的健康状况下，实在无法办到，这就好像是要违背一个知心朋友的期盼一样，感到十分的懊恼。但在完全不知道作者的情况下，想写一篇有关作者的序文，实在不可能办到，同时这也令人十分担心，因为我个人曾经出版《家》这本书，而委托已故的中泽临川君为我写篇序文，可是最后却发现，序文和书中的内容不适合，所以特别地委托他，反而变成一种困扰。"

在这里，藤村最重要的是要告诉对方"我的拒绝对你较有利"，也就是积极传达给对方自己"不"的意志的一种方法。而这样的说辞，又不会伤害到委托者想要达成的动机。

通常，当我们被对方说"不"而感到不悦的理由之一，是因为想引诱对方说出"好"而达成目的的愿望在半途中被阻碍，因而陷入欲求不满的状况。所以既不损害对方，又可以达成目的说"不"的最好方法，就是让对方想委托你时，当"达成动机"被拒绝后，反而会认为更有利的是另一种"达成动机"，而只要满足这一种"达成动机"就可以了。

藤村可以说是十分了解人的这种微妙心理，所以暗地里让对方觉得"被我这样拒绝，绝对不会阻碍你目的的达成"。我们在拒绝他人时，也可以用这样方法，让对方觉得说"不"，是对对方有好处，这不仅不会损害到对方的感情，而且还可以让对方顺利地接受你所说的"不"。

战国时期韩宣王有一位名叫缪留的谏臣。有一次韩宣王想要重用两个人，询问缪留的意见，缪留说："曾经魏国重用过这两人，结果丧失了一部分的国土；楚国用过这两个人，也发生过类似的情形。"

接着，缪留还下了"不重用这两个人比较好"的结论。其实，就算他不给出答案宣王听了他的话也会这么想。这是《韩非子》里相当著名的故事。

这种说"不"的方法，之所以这么具有说服力，主要是因为这两个人有过失败的教训造成的，但缪留在发表意见时，并没有马上下结论。他首先对具体的事实作客观地描述，然后再以所谓的归纳法，判断出这两个人可能迟早会把国家出卖的结论。说服的奥秘就在此。相反，如果宣王要他发表意见时，缪留一开口就说："这两个人迟早会把我国卖掉"，等等。结果会怎样呢？可能任何人都会认为"他的论断过于极端，似乎怀恨他们，有公报私仇的嫌疑。"形成不易让大家接受"不"的心理，即使他在最后列举了许多具体事实，也可能无法造出类似前面所说的客观事实来。

所以，我们在必须向别人说出他们不容易接受的"不"时，千万不要先否定性地给出结论，要运用在提议阶段所否定的论点，即"否定就是提议"的方式，不说出"不"，只列举"是"时可能会产生的种种负面影响，如此一来，对方还没听到你的结论，自然就已接受你所说的"不"的道理了。

我们曾听说过可以负载几万吨水压的堤防，却因为蚂蚁般的小洞而崩溃的例子。最初只是很少水量流出而已，但却因为不断地在侧壁剧烈地倾注，最后如怒涛般地破堤而出。

这种方法可以适用于说"不"的技巧里，也就是说，要对不可能全部接受的顽固对方说"不"时，反复地进行"部分刺激"，而让对方全盘地接受你的"不"的意思。

例如，朋友向你推荐一名大学毕业生，希望在你管辖的部门谋求一个职位时，想在不伤害感情的情形下加以拒绝，这时可以针对年轻人注重个人发展和待遇方面，寻找出一种否定的理由，反复地说："我们这里也有不少大学生，他们都很有才华……""这里的福利待遇都很一般……""在这里干，实在太委屈你了……"，等等。相信那位大学生听了这些话后，心里就会产生"在这里干没什么前途"的想法，再也不做纠缠，客气地向你告辞。